JN293439

明かされたアカシックレコードの謎

赤札
Akafuda

たま出版

プロローグ

言い伝え
たましいもどし

　この世の中には不思議なことが数多くあり、意味がわからないもの、納得できないものなど、ほかにもさまざまなものがあることでしょう。

　知らないから不思議なのか、学校や親などに学ばないのでそれらを不思議と思ってしまうのか、なかには不思議と思うことじたいを不思議と思う人もいるでしょう。

　今回は、その数ある不思議の中から、私が体験した言い伝えにまつわる不思議なお話をお伝えします。

「いったいなぜ言い伝えたのだろう…」

　それはずいぶん前の頃でした。私が幼い頃に何かがきっかけで、母が突然こんなことを言いました。

「あんまり言うことを聞かないと、先祖様と同じめにあうことになるぞ」

「えっ？　なんの話？」

　ばあちゃんが母に伝えてくれた、ずーっと昔のお話らしいのですが、母の先祖様のなかにまわりの人の意見や注意を聞かない、自分勝手な女性がいたそうです。心配してなにか言えば、火に油をかけるかのように、よけいに問題を起こすような感じの人だったらしく、本人が自分から悪いところを直す気がないかぎり、どうしようもないとみんなで頭を悩ませていたらしいです。そのうち落ちつく年齢にもなれば、それなりになるだろうと、身内はもちろんまわりの人たちも半分あきらめかけていたらしいのですが、突然先祖様はある

プロローグ

日をさかいにガラリと人がかわってしまったかのようにまじめですなおになってしまったそうです。

「なんでだろ？」
「まじめですなおになるのはいいのだけど、それがあまりにも突然だったものだから、みんな心配して…」

　なにか悪いことでもしてしまい、かくしているのではないかと心配になった身内やまわりの人たちがそれぞれ話をしたのだけど、だれも何も知らないとのことなので、不思議に思った人が直接本人にたずねてみたそうです。

「そしたら、生まれてくる前に戻されたってことだったよ」
「生まれてくる前に戻された？　なんだそれ？」

　何のためにこの世に生まれてきたのか知らされるために、生きたままたましいを抜かれて、生まれてくる前に戻されたとの話でした。

「たしか、そこはまるで水の中にでもいるのではないかと思うように、音のしないところとか言っていたねぇ」
「ヘェーっ、どんな世界なんだろ？　行ってみたいなぁ」

「ふざけたこと言ってるんじゃないよ※。戻ってこれなかったらどうするんだ」

　そこがどんな世界だったのか、ばあちゃんがなくなってしまったので聞くことは無理でしたが、突然人が変わるほどのことなので、よほどのことを知らされたのだろうと思います。

「くわしくは知らないんだ。ばあちゃんが、お前に話をするとおもしろがってみんなに話をするからと、教えてくれなかったんだ」
「……」

母の話だと、ばあちゃんが突然母に〝たましいもどし〟というお話を言ってきかせたみたいです。その〝たましいもどし〟というお話をする母の表情はいつもの説教をするときの表情ではなく、真剣に大切なことを伝えるという感じの表情であった…。

> この話を聞いてからいくつもの年月が流れ、私が17才の頃、あることがきっかけでそれは突然起きました。

欲がうずまくその世界、あらゆる思考を欲がかき消す
　　… 自分なりのルールをつくり
　　… 自分が正しいと思い込む
　いわば未熟なたましいの修業の場

　人は器、器はけもの、けものを支配するか
　　けものに支配されるか……

　選ばれしものよ、何がだいじで何が必要であるか
　　まずはそれを見極めよ……

… また、お金というものを作り、それを中心にあらゆる発展をとげる場でもある
　その中で、さまざまな欲がうずをまくであろう……
　　それも学べ
　　　　☆
　　　　☆
　　　　☆
けっして欲にのまれるでないゾ……
　　おぬしの役目を果たせよ……

明かされたアカシックレコードの謎——目次

プロローグ　言い伝え——たましいもどし……………………1

第1章　はじまり ………………………………9
未来を知っている不思議なゆうれい？　10

"りれき"と、空に浮かぶイスにすわるヨロイのヘイタイ　18

第2章　夢 ……………………………………23
川に浮かぶ小舟——向こう岸にわたる？　24

人の形をした透明なもの　32

空を飛ぶ大きな筆（ふで）——働くじいさん　44

これからどこに向かうの？　——馬車とヨロイの馬　52

赤いワンピースの女の子と、白い着物のじい様　59

夕ぐれの山を歩く人たち——やさしいおばあちゃんなのに…　72

赤いとびらと番人　76

第3章　役目 ………………………………………………… 85

　　巻き物と鏡で取り調べをするお役目様　　86

　　待ちあわせ──なにを待っているの？　　98

　　しるしは何色に？──お役目たちのあつまり　　112

　　光る玉を選びなさい──そのとき私は丸い玉だった　　126

　　おわりに　　138

第4章　その他 ………………………………………………… 141

　　ついでのおまけ話　その①　　142

　　ついでのおまけ話　その②　　146

　　ついでのおまけ話　その③　　151

　　とっておきのおまけの図　　156

第1章 はじまり

未来を知っている不思議な
ゆうれい？

　日が暮れたいなか道、山ぞいをトコトコと歩いていると、山の林の中に白いカゲらしいものが「ふっ」と目につきました。

「あれはなんだろう？」
　風で飛んできた白いビニールが高いところの木の枝にでもひっかかったのだろうと思いました。いなかではよくあることです。ところが、それをよく見てみると、ぐうぜんにも人の形になっているではないですか。

「あの光っている文字はなんて読むのだろう？」
　距離が離れていて、高いところでもあり、暗かったなどのぐうぜんがかさなって、その白いものはスソがボロボロの白い着物を着ている、白く長い口ひげとあごひげをはやした、手と足のないじいさんに見えました。
　体の中に見たことのない文字が１文字見えていて、暗いというのに光っているのでよけいめだっていました。顔の表情は目を閉じているのだけども、なぜか私を見ているような気がしました。

「気のせいかな？　行ってたしかめてみよう」
　もしかしたら、本物のゆうれいかもしれないと思った私は、さっそくじいさんらしいものの近くに行ってみようと、一度自分の足もとを確認してから、もう一度じいさんらしいもののいる方を見たら、そこにはじいさんどころかビニールらしいものも見あたりませんでした。

🌀「なんだ、やっぱり気のせいだったのかぁ」

　たぶん、目をはなしたすきに風がふいて白いビニールが枝からはずれて飛んでいってしまったのでしょう。

　いったい何だったのかわからず、ちょっと残念でしたけど、なぜか気分はよかったです。

🌀「あの文字はたしか、梵字(ぼんじ)とかいうのだ」

　このことをきっかけに、テレビで見た忍者のことを思いだしたので、頭の中は忍者のことでいっぱいになり、考えごとに夢中で、気がつけば家に帰ってきて自分の部屋にいました。

🌀「あのソデの中にカギツメをかくし持っていて、手が見えなかったのかなぁ…」

　もちろん部屋についても、頭の中は忍者のことでいっぱいでした。そんなことなのであとで気がついたのですが…。

🌀「無限のじいさん？…姿が見えないのにじいさんの声が聞こえるのだけど、気のせいかな？」

　気がついたら、どこからか聞こえるじいさんの声と会話をしていました。この日から姿の見えないじいさんとの会話が始まったような気がします。

　　🌀 この話はいったん置いといて、あとで続きます。

🌀「また見てみたいなぁ」

　ぐうぜんでもいいので、もう一度じいさんらしい姿を見てみたいと思った私は、別の日に、じいさんらしいものが見えたところへ行ったのですが、これといって何も見ることはありませんでした。ただの気のせいだったと、私の記憶から徐々に消えだした頃…。

「……」

　別な半透明のじいさんを見ました。山ぞいにある水路のわきの道をトコトコと歩いているとき、なんとなく変な感じがしたので「ふっ」と水路の方を見てみると、すぐわきの林の中がちょっとゆがんでいたので、なんだろうと思ったら、半分透明のじいさんだったのです。

「……」

　その姿はすぐ近くで見たせいなのか、とてもリアルで、赤ん坊に大人の白い着物を着せたようなじいさんでした。

　ゆうれいなのか、ただの見まちがいなのかわかりませんが、あまりにも驚いてしまい、動くこともできず声も出ませんでした。

> 　こわがってはいけないと思いながら、じいさんの方をずーっと見ていると、じいさんはだまって私を見ていたあと、何も言わずにうしろをふり返り、「スーッ」と消えていきました。
>
> 　光を放つ透明なクラゲみたいな感じで、透明だけどひげや着物が白だとわかり、体の中に丸い玉があるのが見えて、中に一文字書いてあり、光っているのだけど、その姿のうしろにある木がはっきり見えました。おどろいたのは、じいさんが動いてもふり返っても、文字の角度が変わらずにそのまま見えるということでした。

「いや〜、びっくりした。あれがゆうれいなのか？」

　私はすぐに思いました。このあたりで亡くなったじいさんが、なにか心配ごとがあってさまよっていたのではないかと。ちなみに、私はゆうれいを見たことがないので、じっさいはどうなのかわかりません。

　水路の近くだったので、月の光が水で反射してぐうぜんそういっ

たものに見えたのかもしれません。
　何も言わずに帰っていくじいさんの姿を見たとき、なぜかガッカリしたようすだったのが気になりました。

「こわいからあっちには行かないで、神社の方へ行こう」
　忍者のゆうれいが見たいなどと思っていたけれど、目の前でリアルなゆうれいみたいなものを見てしまった私は、ちょっとこわくなってしまい、次の日から散歩する道を神社の方面へと変えることにしました。

「あのじいさんは気のせいだったんだ。そんなのいるわけない」
　神社にゆうれいが出るわけがないと思っている私は、暗くなった神社の階段をトコトコとおりていると、なぜか夜空が「ふっ」と気になって見てしまいました。

「気のせい、気のせい」
　するとそこには、前に見た半透明のじいさんが夜空に浮かんでいるではないですか。通り道の上ということなので、気のせいと自分に言い聞かせながら通りすぎようと思ったのですが、なぜかついつい見てしまい、「ジーッ」とじいさんのいる方を見ていると、じいさんが突然話をしてきました。

「役目とあろうものが、いったい何をやっておる※」

「…え？　なんで怒ってんのかな？」
　気のせいだと思ってはいても、もしかしたらゆうれいかもとも思ってはいたので、苦しいとか助けてくれとか、そういったことを言うのではないかと思ったら、いきなり怒られてびっくりしました。

「…まさかおぬし、役目を忘れたとは言うまい？」

「え？　やくめ？　えーっと、やくめってやく年のことをやくめっていうのかな？　いくつがやく年ってのは知らなかったけど、やく年なのか…」

　もちろん私は真剣です。「やくめ」という意味を知らないとなれば、のろわれてしまうのではないかと思い、必死になって答えました。ところが、勉強などろくにしたことのない私なので、けっきょく答えることができませんでした。

「おぬしともあろうものが、さては欲にのまれたか…」
　じいさんのむずかしい話が始まりました。私は何のことなのかさっぱりわからず、ただぼうぜんと話を聞いていると、木のカゲの方からけもののうなり声が聞こえてきました。

「ガルルル、ぬし様、ムダです。こんなところにいつまでもいたくない。早く帰りましょう」

「え？　そんなところにいるとは思わなかった」
　木のカゲと思っていたら、まっ黒なカゲが動きました。その姿は大きなネコのようで、体の中に丸い玉があり、中にはヒョウと書かれていました。

> 　じいさんはむずかしいことを、ヒョウはこの世界の文句を言って帰っていきました。帰りぎわに「だれも助けてはならん」とか「この世からだれも逃がしてはならん」などと言っていたような気がします。このとき、じいさんは私の未来を知っていると知りました。どこかに未来を知っている存在たちがいると知ったときでもあります。

第1章　はじまり

「まさか、全然知らないのに、いきなり説教されるとは思ってもみなかった。でも、おもしろかったので、まぁいいかぁ」

　じいさんは私をだれかとまちがえたのだろうとか、どうせ気のせいぐらいにしか思っていませんでした。

　その次の日だったとは思うのですが…。

「人間よ、1日たりとも修業をおこたってはならんゾ」

「修業？…修業って、心臓をうごかすことかな？」

　体の中に光った文字が入っている、うしろ髪をしばったおじさんが、私を友だちとまちがえたのか、私にいろいろと話をしてきました。

「人間のぶんざいでなまいきだ」

「人間のくせに口ごたえするな」

「お前ら、うるさいんだよ※」

　うしろ髪をしばったおじさんと話をしていたら、近くにいたカゲのように黒い大きなカラスと黒い動物が、私に文句を言っていました。2匹ともまっ黒で、体の中に丸い玉が入っていて、名前が書かれてました。

> おじさんは、私のことを最大の友、ライバルとか言っていたような気がします。私の体の中に入っている友に伝えてくれとか言って、いろいろなことを言っていました。
> 　動物たちは私を見て驚いていたけど、急に態度が変わり、文句を言い始めました。

　その次の日か、次の次の日だったのかわかりませんが…。

15

「…殿ともあろうお方が気にかけるものとはどのようなものか、見てみとうなった」

「かみくだいてやろうか」

「…え？」

体の中に光る文字が書いてある白い道着らしいものを着たお兄さんが、まっ黒なトラをつれて会いにきました。もちろん、まったく知らないお兄さんです。

また別の日には…。

「なぜおぬしがわしの名を知っておる※」

上の方から「スーッ」としずかにおりてきた、体の中に光る文字が書いてある坊さんみたいなかっこうをしたおじさんが、私を見るなりいきなり怒っていました。手にはチャリンチャリンと音がしそうなかざりのついた杖を持っていました。

「お前なんか知るか※」

続けざまに不思議なことが起こっていたのですが、私としてみれば、全部気のせいぐらいにしか思ってなかったので、いきなり見覚えのないことで文句を言われたので、お返しにためらわず文句を言い返しました。

「口をつつしみなさい…口ごたえしてはなりません※」

「え？…」

坊さんみたいなおじさんに文句を言ったとたん、女性の声が耳のうしろの方から聞こえてきました。それでも文句を言い続けていたら、女性の声が私を怒りました。

「これって気のせいでしょ？　だって夢なんでしょ？」

第1章 はじまり

　坊さんみたいなおじさんに、女性の声があやまりました。おじさんはけっこう怒っていて、女性の声が事情を説明すると、おじさんは納得したようすでした。

　私は何かまずいことになってしまったと思い、とりあえずだまっていました。

> 　使いの者が修業しているとか説明すると、はじめは怒っていたおじさんが私のオーラをほめていました。
> 　このときはじめてオーラというものがあることを知り、また、はじめて女性の声と会話をした時でもあります。

(?)「さっきはどなってごめんなさい。まちがいはだれにでもあります。気にする必要はありません。好きなことをしなさい」

「気にするなって言われても…まぁ、いいかぁ」

　うしろの方から聞こえる女性の声、でもけっしてふり向くことはしませんでした。気にするなと言われて少し複雑な気持ちでした。

> 　未来で私が何かをやるので、先に会いにきたということなのですが、みんな一方的で、私は何のことなのかさっぱりわからず、大変でした。
> 　でも、おもしろかったので、これはこれでよかったです。

　おもしろいことが続くけど、どうせみんな私の思いすごし、そんな感じに思っていました。光る文字が入った方々の言っていたこと、その時は何のことなのかわからなかったけど、それらがずっとあとでだいじなことで役立つとは思いもしませんでした。

〝りれき〟と、空に浮かぶイスにすわる

ヨロイのヘイタイ

　散歩の途中、不思議なことにあいながら、家に帰れば目に見えないじい様との会話は続いていました。

「なんでオレは生まれてきたのだろうなぁ？」
「ほう…なぜじゃ？」
　なぜか、こんな話になったことがありました。

「考えたところで、そんなこと、わかるわけない」
　どんなに考えても、私がそんなことわかるわけもなく、この時はこれで終わったと思ったのですが、数日後だったと思います。

「…ん？　ここはどこ？」
　自分の部屋で「ボーッ」としていたはずなのに、まわりの風景がなにかおかしいと気がつけば、ここがどこなのかわからないくらい、青い空の上空に「ポツリ」と浮かんでいました。

「う～ん、たしか部屋にいたはずなのに、なんでここに？」
　何が起きたのかわからない私がすぐに気がついたのは、自分の体のようすがおかしいということでした。

> 　幽体離脱はしたことがあるので、それとは全然ちがうということはわかりました。意識がはっきりしているので、冷静に考えること、動くことができました。

「耳がシーンとして音がしない。体が重みを感じない。とって

第1章　はじまり

　　も気持ちがいい…。あれ？　そういえば息をしてないってこと
　　は、もしかしてオレ死んじゃったのかな？」
　こんなに意識がはっきりしているのに大空に浮いているというこ
とは、自分は死んでしまったのだと思いました。なぜかすぐに、何
かやり残したことはないかと考えたのですが…。

「まぁいいや、それよりも、これからどうしようかな？」
　時間にすれば30秒もしないうちにひらきなおってしまいました。
いまさら考えてもしかたないと思い、まずはこれからどうしようと
考えました。

「う〜ん、なんでこんなところにあんなものがあるのだろう？」
　あたりを見まわすと、すぐに、大空にはありえない、おどろくも
のを発見しました。ものすごく不自然にイスがあったのです。

> 　大空の中にイスがあるとしたら、半透明のものか、ふわ
> ふわな雲でできたイスを考えると思うのだけど、そこで見
> たイスは、ごくふつうの4本足で背もたれつきのイスでし
> た。濃い茶色の木でできた、つくりはあっさりしているけ
> ど、ガッシリとした感じのもので、大空にガラスのテーブ
> ルでもあり、その上に乗っているかのように、動くことも
> なく置いてありました。

「何かすわっている。とりあえず行ってみよう」
　イスに何かがすわっているみたいでしたが、それもまたとても不
自然でした。なぜ姿かたちがはっきりしているのに大空に浮いてい
るのか、とても不思議に思ったので、さっそく近くまで寄ってよう
すをうかがうことにしたのですが…。

「うわ…なんだかわからないけど、すごくこわいなぁ」

イスにすわっていたのは、全身がほっそりとした黒いヨロイでできているヘイタイみたいなものでした。近くに行って見たとき、死んだと思っているのに、とってもこわかったです。

> 　背筋をピンとしたヨロイのヘイタイがイスにすわっていました。頭には竹で作ったようなカサを深くかぶっていて、右手にものすごいヤリを上に向けて立てていました。その姿は、戦国時代もののテレビなどで見たことのある足軽に少しにているけど、日本のヘイタイというより外国のヘイタイという感じでした。

「ただの人形だよね？　動かないよね？」
　いちおう聞こえるようにひとりごとを言ってみたのですが、なんの返事もなく、ジロジロと見ていてもピクリとも動くようすはありませんでした。さすがにさわる気はしませんでした。

「なんでこんなところにこんなものがあるのだろう…。あれ？　あれはいったいなんだろう？」
　ヨロイのヘイタイがなぜ大空の中でイスにすわっているのだろうと考えながらあたりを見まわすと、またしても不思議なものを見つけました。こんどはものすごい数です。それは横に長いもので、いくつもいくつも並んでいました。

> 　大きい巻き物をひろげたみたいな、ものすごく長いものがガラスのテーブルにでも乗せてあるかのように、大空にいくつもいくつも、見えなくなるまで、きれいに並んでいました。

「あんなものが空にあったなんて知らなかったなぁ。飛行機が飛んでいるところよりもずっと上だから、みんな知らなかった

のかな？」

　私はこのころ、飛行機に乗ったことがなかったので、すなおにそう思いました。もし飛行機がここを通ったら大変なことになってしまうと心配もしました。

「とりあえず行ってみよう」

　考えていてもしかたないので、さっそくそれが何なのか近くに行ってみることにしました。近づいてすぐに、横長いもののところに何かがついているのに気がつきました。

「これは何だろう？」

　横長いもの一つに一つずつ、石のかたまりみたいなものがついていました。そばに寄ってよく見てみると、見たこともない動物らしいものでした。

> それはヨコ長いものを見守っているかのようでした。灰色に黒のつぶつぶが少し入った石みたいなもので、サルなのか恐竜なのかわからない動物が彫ってあるようでした。

「ん？　中に人がうつっている…どういうことだろう？」

　動物らしいものを見ているときに、横長い物をちらりと見てびっくりしました。中に人が見えるのです。それはまるで、一人の人間を上から撮影した映像をテレビにうつしているという、そんな感じでした。

「もしかして、これは一人の人生をずっと記録しているものかな？…ということは、この人は半分くらいだから、まだ残っているということなのか」

　私はすぐに、ここは人の人生を記録しているところであると気がつきました。動物らしいのは、時間を示すものだと気がつきました。

そして次に気がついたのは、みんな頑張っているのに、私はここにいていいのだろうかということです。急にさびしくなってしまいました。

「あーっ、帰りたい。もう一度頑張りたい※」

別にこれといってやりたいことはなかったのですが、みんな頑張っているのを見て、私も頑張りたいと思いました。

「あれ？　なんでここにいるの？」

帰りたいと思った瞬間、気がつけば自分の部屋にいました。何が起こったのかわからず、「ボーッ」とする間もなく、苦しいと思い、あわてて息をしました。大空の中でずっと息をしてなかったので、気がついたときは息をするのを忘れていました。

「あー苦しい。あぶなくもう一回行くとこだった。いったいなんだかわかんないけど、とりあえず帰ってこれてよかった。いや〜、びっくりしたなぁ」

私が見てきたものすべて夢であると思いました。
これが何であるのかなんてことは、私にしてみれば、たんにおもしろかったということにすぎなかったのです。

今では、私はこれを〝りれき〟と呼び、一人一人の生まれたときからなくなるまでを記録するものと思っています。

まだ始まりにしかすぎません。

【※編集部注：この〝りれき〟は通常〝アカシックレコード〟と呼ばれるもので、アカシックレコードは宇宙ならびに人類のすべての記録を保存している場所（もしくは次元）のこととされている。著者の見たアカシックレコードの具体的な姿は、巻末「とっておきのおまけの図」参照】

第2章 夢

川に浮かぶ小舟
向こう岸にわたる？

　気がつけば、いつの間にか私はそこにいました。
　そこはとてもうす暗く、夜の砂浜のようなところで、あまり遠くまでは見とおせず、目につく光景は…。

「川しかない」
　向こう岸が見えるくらいの川が目の前にあるだけでした。
　川の近くまで行き、向こう岸に何か見えないものかとまわりを見まわしたのだけど、白い砂浜以外は、これといって何も目につくものはなく、花どころか雑草さえ見あたりませんでした。

「なんでここにいるんだろ？」
　つまらないので、単純にうしろをふり返ってみると、少しでも進めば何も見えなくなってしまいそうな暗やみになっていました。

「どうやって来たのかな？　ここはどこだろ？」
　なぜここにいるのか、どうやって来たのか、ここが何なのかわからずに、これからどうすればいいのか考えながら川ぞいの砂浜をトコトコと歩いていると、少し先に何かを見つけました。

「よかった、だれかいた」
　よく見てみると川に小さな小舟が浮かんでいました。小舟には人らしい姿も見えたので、小舟の方へ行ってみることにしました。

「なんだ、みんないたのか」
　小舟の方に私が向かっているときに、暗やみの中から、たくさん

の人たちが「スーッ」と出てきました。みんな小舟の方へ向かうのかと思ったのですが、なぜかようすが変でした。

> 暗やみの中から「スーッ」と出てきた人たちは、かなりの数だったので、そんなにたくさんは乗れないだろうと思い、急いで小舟に乗らなければ乗せてもらえなくなってしまうと、あわてて小舟に向かいました。ところが、小舟の方を見ているだけや、暗やみに戻っていく人たちばかりで、小舟に近づくようすがなく、あわてなくても小舟に乗れそうでした。

「なんでみんな小舟に乗らないのだろう？」

私は、小舟に乗るには、もしかしたらお金が必要なのではないかと思いました。勝手に小舟に乗ったのはいいけど、お金がないとなれば、どんなめにあうのかなどと考えながら、ズボンのポケットの中をさぐってみることにしたのですが…。

「あれ？　なんでオレは着物を着ているのだろう？」

ズボンのポケットに手を入れようとしてびっくりしました。私は白い着物を着ていました。着物なんて、子どもの頃に祭りのハッピぐらいしか着たことないのに、なんで着物を着ているのかとっても不思議でした。

「え？……」

あれこれとしているうちに、小舟のすぐ近くまで来てしまい、さらに驚いてしまいました。

> 小舟にはヨロイのヘイタイがいました。このときはじめてヨロイのヘイタイが動くと知りました。まさか動くとは思わなかったし、ここにいるとも思わなかったのでびっく

> りです。みんな小舟に近寄れない理由がわかりました。

🧒「ヨロイのヘイタイだ…こわいけど、小舟に乗りたい。乗せてもらえるかなぁ」

　目の前にはヨロイのヘイタイがヤリを持っていました。いまさら戻るわけにはいかず、あわてた私は手に何かを持っていたので、それをあげると言いました。

🧒「あのネ、舟に乗りたいのだけど、お金を持ってなくて、かわりにこれをあげるので乗せてもらえますか？」

　手に持っていた物は、何かが入った袋みたいなものでした。それをヨロイのヘイタイに見せても、なんの反応もありませんでした。舟に乗りたかった私は、だまってヨロイのヘイタイの前にいると、ヨロイのヘイタイは何も言わずに「そーっ」と手を出したかと思うと、私の胸のあたりのところを指さしました。

🧒「…ん？　何がほしいの？」

　私はなんなのかわからず、ヨロイのヘイタイの手を見ていました。

　すると、私の首に何かぶらさがっているものがあるのに気がつきました。

👒「……」

　ヨロイのヘイタイは、直接頭の中にイメージを送るような感じで話をしてきました。

🧒「お金はいらない…何かほしいというわけではない…よけいなものを身につけてはならない…」

　どうやら、小舟に乗るのにお金はいらないみたいでした。次のところへ行くのによけいな物を身につけてはいけないらしく、私は首に何かをぶらさげているのでそれをはずしてということでした。

「うん、わかった」

　私がわかったことをヨロイのヘイタイに伝え、改めてヨロイのヘイタイの手のひらを見ると、そこにお守りみたいな首かざりがのっていました。

> 　私は首かざりをはずそうとしたのだけど、はずし方がわからずにモタモタしていたら、ヨロイのヘイタイが手を「スーッ」と出して、戻すときには首かざりがとれて、ヨロイのヘイタイの手のひらの上にありました。どうやってはずしたのか、ちょっと不思議です。

「なんだ、お金はいらないのか。そういえば、この荷物はなんだろ？　邪魔だなぁ。なんとかならないかなぁ」

　小舟に乗れることがわかり、さっそく乗ろうとしたのですが、手に持っている荷物が気になってしまいました。

「どこかに置くとこがないかな？　ん？　あんなところにカンバンがある」

　どこかに荷物を置くところがないかとあたりを見まわすと、小舟の近くに木でできた立て札らしいものがあることに気がつきました。考え事をしながら小舟のところまで来たので、全然気がつきませんでした。さっそく立て札のところに行き、立て札の下に荷物を置いておこうと思いました。

「ん？…何か視線を感じる」

　すばやく立て札のところに行き、荷物を置こうとしたとき、なんとなく気になって、その気になる方向を見てみると、ヨロイのヘイタイが「ジーッ」と私の方を見ていました。

「いや…あの…だれかほしい人がいるかと思って」

ヨロイのヘイタイが、そんなところへ置いていってはいけないと言っているのがすぐにわかりました。

> あわてて小舟に戻りました。もちろん荷物は持っています。小舟に戻って気がついたのですが、すでに何人か乗っていてイスにすわっていました。まん中の通路をはさんで左右二人ずつすわれる感じでした。

「そういえば、ほかにも小舟に乗っている人たちがいたのだった。モタモタしていたらみんなにめいわくがかかってしまう」

小舟にほかの人も乗っているということに気がついた私は、さっそくイスにすわろうとまわりを見わたしました。

けっこうすわれるところがあり、あいているところにすわりました。

「前の男の人はどんな人なんだろう?」

すぐに前にすわっている人が気になりました。ズボンとシャツの男の人は、外国の人らしく、とても無口な感じで、下を向いたままなにか考え事でもしているかのようでした。

> 左のうしろには、髪の長い女性が頬杖(ほおづえ)をつきながら遠くを見ているようでした。小舟はとてもしずかで、だれも話をする人がおらず、とてもさびしい感じがしました。

「まぁ、いいかぁ。それよりも、この舟はどこに行くのかな?」

このとき、小舟に乗りたくて乗ったのはいいけど、この小舟がどこに向かうのかなんてことはまったく知りませんでした。小舟を見つけたので、とりあえず乗ったにしかすぎません。見わたすかぎり川と砂浜と闇(やみ)しかないこの場所にいつまでもいるよりはましと思っ

ていました。

　前にすわっている男の人に聞こうかと思ったのですが、とても話をする状況ではないと感じてしまい、聞くに聞けませんでした。

🐾「うわっ、川の水がまっ黒で、ちょっとこわいなぁ」

　だれも話をする人がいなかったし、みんなのことをジロジロと見るわけにもいかず、しかたなく小舟から川の水をながめていました。まわりが暗いからなのか、川の水が黒く見えてとてもこわく感じました。

🐾「向こう岸にわたるのかな？　いったい何があるのだろ？」

　向こう岸まではそれほど遠いというわけではないので、泳ぎの得意な人は泳いでわたれそうでした。向こう岸にたどりついたところで何もないのだけど、どうすればいいのか、とても不安でした。

🐾「とうとう出発かな？」

　あれこれと考えていると、小舟の乗り口のところにいたヨロイのヘイタイが小舟に乗りました。どうやら小舟が動くみたいです。私はさっそく川をのぞきました。小舟が動くときは川の水が波をうつだろうと思ったので、それを見ようとしたのです。

> 　私は動く時に何かを基準に動くことを確認します。水に浮かぶ舟の場合は水が波を打つので、その波で動いていることを確認します。

🐾「ん？　全然進んでないような気がする」

　ところが、川の水になんの変化もありません。なんで進まないのだろうと思ったとき、驚くべきことに気がつきました。

🐾「えーっ、上に向かっているの？　そんな…」

小舟の先を見たとき、川の幅がせまくなっていることに気がついた私は、この小舟は上に向かって進んでいることを知りました。何が起きているのかわからずに、とにかくびっくりです。

> 　向こう岸へわたるとばかり思っていました。もしかしたら川を下るとさえ考えもしなかったのに、空を飛んで上にあがったときはびっくりしたのなんのってもんじゃありません。

「おっと、落ちたら大変だ。しっかりつかまっていないと…。この荷物、邪魔なんだよなぁ」
　小舟から下をのぞくと、どんどん川が小さくなっていきました。私は一人で大よろこびしながら、あっちこっちと見ていたのですが、あまりにも空高くあがってきたため、舟から落ちたら大変だと思い、おとなしくすることにしました。

「ところで、上に向かっていってどこに行くのだろう？」
「ふっ」と空の上を見上げたとき、空の一部に光が見えました。暗いところで光がもれている、そんな感じです。どうやら小舟はそこに向かっているようでした。

　小舟がどんどん光に近づいていくにつれて、光が大きくなっていきました。

「うわっ、まぶしい」
　とうとう小舟が光の中に入りました。その瞬間、あたりがものすごくまぶしくなり、あまりのまぶしさに何も見えなくなってしまいました。

> 　ずっとトンネルの中にいて光を見たときまぶしいと思う

> のとはちょっとちがって、上からも下からもものすごい光がさし込んで、まるで光につつまれるような感じでした。

「あれ？　ここはどこ？」

気がつけば、私は〝りれき〟がたくさん置いてある場所にいました。そこには、小舟どころか、小舟に一緒に乗っていた人たちもいませんでした。

「ん？　荷物…どこいったのかな？」

手に持っていたはずの荷物も小舟に忘れてきてしまったのか、いつの間にかなくしていました。

　私はこのあとどこへ行ったのか、それはおぼえていません。
　あの場所はいったいなんだったのだろう？　ちなみに、ここもどこなのかわかりません…。

人の形をした
透明なもの

1）りれきから出てきた透明なもの

「ん？　なんでオレはここにいるのだろう？」

　そこは青空に浮かぶ雲の中というような感じのところでした。目の前には、名前の書いてある白い札がいくつもいくつも並んでありました。

「ここは…前に来たりれきのところではないのかな？　なんでまた来てしまったのだろう？」

　あたりを見まわすと、たくさんのりれきが並んでいるだけで、なにも変わったようすはありません。

　なぜここに来てしまったのだろうと考えていると、少し離れたりれきのところで、何かが動いている気がしました。

「…なに？　何かいる」

　なんだろうと、そのようすを見ていると、名前が書いてある白い札の近くから透明なものがモコモコと出てきました。

「にっ…にんげんかな？」

　それはすごく透明な水のかたまりみたいなもので、モコモコと動いていると思ったら「スーッ」と立ちあがりました。それが私の方を向いたときに手と足らしいものが見えたので、人間かもしれないと思いました。

> いや〜、びっくりしました。りれきのところは何度か来

> ましたが、私以外だれもいなかったので、まさか何かに会うとは思ってもいませんでした。また、登場のしかたも、いきなり透明なものが出てくるものだから、何なのかわからずドキドキしてこわかったです。

「とりあえず行ってみよう」

はじめて見る透明な人間みたいなものが何なのかわからず、少しこわかったのですが、もしかしたら人間かもしれないと思った私は、さっそく近くまで行ってようすをみることにしました。

> 透明な人みたいなものは、すぐ近くまで行くと丸い玉が入っているとわかりました。あまりにも透明なので、男の人か女の人かはわかりません。顔がないのでわかりませんでした。

「…あんただれ？」

私が透明な人のそばに行ってだまってようすを見ていると、透明な人が私に気がついたのか、こっちを向いていたので、私は声をかけてみました。

「私？　私の名前は○○○○」

名前は忘れてしまいましたが、日本人らしく、漢字4文字の女性でした。

「ん？　丸い玉に名前が出て消えた」

体が透明なのに、体の中にある丸い玉に突然黒字で名前が浮かびあがり、「スーッ」と消えました。

> ここで話をするときは、テレパシーみたいに頭の中で会話をします。耳で聞こえるわけではなく、耳の奥の方で聞

> こえるような感じで音が聞こえます。
> 　テレパシーがなんでもつつぬけというわけではなく、会話の途中で丸い玉に文字が出てきたので、ちゃんと見てないとわからなくなると思いました。

(?)「あなたの名前は？」
　透明な女の人は私の名前を聞いてきました。そのとき、体の中にある丸い玉に「？」のマークが出ていました。

「オレ？　オレの名前は…ん？　あれ？　オレの名前って、なんて名前なんだろう？　なんで名前がわからないのだろう？」
　自分の名前を言おうとしてびっくりです。自分の名前がわかりません。わかっていると思っているのに、思い出せない、そんな感じです。

(?)「〇〇」
　私が自分の名前を思い出せずに悩んでいるとき、透明な女の人の方を見たら、その人の丸い玉に文字が二つ出ていました。

「それって何？」
　私は漢字が苦手(にがて)なのでむずかしい字はわかりません。何なのか聞いてみました。

(?)「あなたの体に文字が見えているの。それって名前？」
　透明な女の人の話によると、私にも文字が出ているとのことでした。

「ちがうよ、そんな名前じゃない」
　自分の体を見ようとしたけど、自分では見えませんでした。ほかの人のは見えても自分のは見えないということを、このときはじめ

第2章 夢

て知りました。

(?)「自分の名前がわからないの？」

「あのネ、記憶がないんだ。なんでここにいるのか、どこから来たのか、わからないんだ」

(?)「記憶がないなんて、ヘンねェ…」
　透明な女の人は、記憶がないということはおかしいと、とても不思議がっていました。

「まぁ、そんなことはどうでもいいんだ。それよりもせっかくだから、一緒にあっちこっち探検でもしない？」

　けっきょく名前なんてものはどうでもいいことでした。
　透明な物が人とわかり、うれしかった私は、一人ではつまらなかったので、あっちこっち見てまわろうと誘ってみました。

(?)「私は行けない。ここから出てはだめなの」
　透明な女の人は、りれきの名札のところにある綱(つな)みたいなところを指さすと、その綱から出てはいけないと言いました。綱のところから出るとヨロイのヘイタイが来るというのです。

「だいじょうぶだよ」
　自分があっちこっち動きまわっているのにヨロイのヘイタイが来るようすがなかったので、そんなことはないと私は思い、だいじょうぶだよと伝えたのですが…。

(?)「だめ…私はこわい…」
　ヨロイのヘイタイが動いているのを見たのでとてもこわいと、す

ごくおびえたようすでした。

🐛「悪いことしなければだいじょうぶだよ。ほら、どう?」
　透明な女の人がおびえているようなので、私はあっちこっちと動きまわってみせました…でも、ほんとうに来たらどうしようと、少しドキドキしていました。

(?)「私、行かないと…」
　透明な女の人は、話の途中で、突然思いついたかのように、やらなければいけないことがあるとかなんとか言ったかと思うと、自分が出てきたりれきにそって移動していきました。

🐛「オレもついていってみよう」
　ほかにあてもない私は、どこに行くのかと、すぐにあとを追いかけました。

(?)「……」
　透明な女の人は少し行ったところで止まり、りれきをのぞき込んでいるようすでした。
🐛「なに見てるの?」
　私はわきに並び、何を見ているのかと一緒にそこをのぞいてみると…。

　ベッドで女の人が寝ていました。動くようすがなく、ベッドをかこむように数人集まっているようで、それがなんなのかわかりませんが、透明な女の人はとても悲しそうでした。私は邪魔をしてはいけないと思い、何も言わず、そこから移動しました。
　ここはりれきのあるところでも、ほかのところとはちがうと気がつきました。

2）りれきにとび込むもの

ほかにだれかいるかもしれないと、あっちこっちウロウロしていたら、体が透明な人を見つけました。その人は名札の近くから出てきたと思ったら、急いでりれき沿いに来て、あるていどのところまで行き、りれきをのぞいていました。

「よし、話しかけてみよう…あれ？　いなくなっちゃった」

その人がりれきをのぞいたと思ったら、急に姿が見えなくなってしまいました。私はさっそくいなくなったところへ行き、どうなっているのか確かめてみることにしました。

> りれきの近くに行くと、そこがオレンジみたいな色になっていたのでのぞいてみると、男の人がモーターボートを運転してどこかに向かっているところでした。

「まるでテレビでも見ているみたいだなぁ」

男の人は外人で、モーターボートに乗って建物のところに行きました。はしごで上にあがっていき、建物のドアの近くにくると、中には太っている男の人と女の人がいて、女の人が奥の部屋へ行き、太った男の人がドアをあけました。男の人と太った男の人がなにか言いあらそいをしているようでした。

> ここから見ると建物はつつぬけで見えました。部屋は、出入り口を入って右手にブラウン管の大きなテレビ、中央にテーブル、近くにソファがあり、せんたくものが山のようになっていたので、クリーニング屋さんなのかわかりませんが、太った男の人はワイングラスを持っていました。

「そっちには女の人が…あれ？　あーっ、なるほど、かくれて

る」

　男の人と太った男の人がとなりの部屋に行くみたいです。そっちには女の人がいるはずなのに姿が見えないと思ったら、かくれていました。その部屋でも男の人と太った男の人が言いあらそっていたのですが、突然男の人がたおれました。

「あっ、なんで？」
　男の人がかくれていた女の人に鉄砲でうたれてしまったのです。

「あ～あ、なくなってしまった…あれ？　でもおかしいなぁ。この人のりれきはまだまだ先があるのになんで？」
　いったんりれきをのぞくのをやめて、りれきを確認してみると、まだまだ先があるようでした。ずっと先があることを確認しているとき、その方向から透明な人が急いでこっちに向かってくるところでした。

「ん？　こっちに向かってきた。なんなのか聞いてみよう」

> 　声をかけたのですが、話をすることなく、いきなりりれきにとび込んでいってしまいました。どうやらこの人は、何かが原因で、先に進めなくて何度も何度も同じことをくり返しているみたいです。3回ぐらいとび込むのを見ました。

「う～ん、なるほどネ」
　りれきにとび込んですぐのところを見てわかったのですが、この人は刑事さんらしく、防弾チョッキを友人にすすめられるのだけど、それをことわっていたのです。

「やっぱり出てきた」

待っていると、すぐにその人はりれきから出てきました。話をしようにも、真剣になっているので、なかなか話をするタイミングがつかめませんでしたが、もう一度りれきにとび込んだときでした。

「それを着ないとダメだよ」
　友人と防弾チョッキの話をしているときに、りれきに向かって声をかけてみました。すると、男の人は防弾チョッキを着たのです。びっくりしました。

「あれ？　声が聞こえたのかな？」
　たまたまなのか、なんなのか、男の人が着なかった防弾チョッキを着たら、りれきのオレンジみたいな色で光っていたものがなくなりました。

> この人のりれきをのぞいていて気がついたのですが、この人はりれきに先が描かれていたのです。これはいったいどういうことなのか、とても不思議でした。

このあと、この人はりれきから出てきませんでした。

「これはおもしろい。ほかにだれかいないかな？」
　私は少しずつわかるのがおもしろく、さがせばほかにだれかいるかもしれないと思い、ほかをさがすことにしました。

　ちなみに、太った男の人と女の人は、刑事さんの仲間がかけつけてきてつかまりました。

3）りれきが途中からないもの

　あっちこっちウロウロしていると、今度はりれきのところでションボリしている透明な人を見つけました。

「あっ、だれかいた」
　透明な人に何度か会ったので、少しずつなれてきたということもあり、さっそく近くに行き、話しかけてみました。

「どうしたの？」
「これ以上先に進めなくて…」
　この人の話によると、何度やってもりれきから出てきてしまい、悩んでいるとのことでした。

「う〜ん、こういうときは、どうすればいいのだろう？」
　私はとりあえずりれきをのぞいてみました。この人のりれきはほかの人とはちょっとちがっていて、途中から何も書かれていない状態でした。

「何が悪いか、ここから見ているからとび込んでみたら？」
　どうすればいいのかわからない私は、りれきにとび込んでいた人のことを思い出して、とび込むことをすすめました。
　ところが、この人のりれきには、オレンジ色みたいに光っているところがありませんでした。

「とりあえず、ここらへんでいいんじゃない？」
　わからなかったので本人にまかせることにしました。

　　その人は自分からりれきにとび込んでいきました。上から見ていると、男の人だとわかりました。何か用事がある

第2章 夢

> のか、バイクで出かけるのだけど、カーブミラーが二つあるところで事故を起こしてしまうので、そこからりれきが空白になっていました。

「なるほど…やっぱり出てきた」
　男の人はすぐ上に戻ってきました。私は、上から声をかけたら先に進めたことを説明して、出かけるときに声をかけると言いました。

「出かけるときにここから声をかけるから思い出して…」
「うまくいくかな？」

「…よし、ここだな。おーい、出かけちゃだめだよ」
　男の人がりれきにとび込んだあと、りれきが空白になる前の原因らしいところをめがけて声をかけました。

「ん？　キョロキョロしてる。忘れちゃっているのかな？」
　どうやら、声が聞こえているのか、あたりをキョロキョロしてはいるのだけど、出かけるのをやめるようすはなく、出かける準備を続けていました。

「出かけちゃだめだって。おとなしく家にいなよ」
　何度も声をかければ気がつくだろうと、声をかけるのですが、男の人はまわりをキョロキョロと見ているものの、やっぱり出かける準備を続けました。

「出かけるなって言ってるのに、わかんないのか※」
　ここで止めなければと、真剣になって声をかけているうちに、りれきに近づいていってしまい…。

「おとなしく家に…。あれ？　ここはどこ？」

気がつくと、りれきの中に落っこちてしまっていました。

> いや〜、あのときはびっくりした。真剣になって声をかけているうちに、まわりの風景がちがうと思ったら、のぞいていた洗面所のところに落っこちてしまい、どうなるものかと思いました。

「これは大変だ※　落ちてきてしまった。どうしよう？　よけいなことしなければよかった」

りれきにとび込む人を見ていたので、りれきにとび込めるということはわかっていたけど、ほかの人のりれきの中に私が入れるとは思ってもみなかったので、りれきの中に突然入った瞬間、もう戻れないと思ってしまい、だめかとも思いもしました。とにかく大あわてで大変でした。

「どうしよう、どうしよう…ん？　戻ってきてた」

気がつけば、一瞬のうちに、もとの場所に戻っていました。必死だったので何がなんだかわからないうちに、りれきのところに戻ってきていたのです。

「あーっ、びっくりした。ところで、どうなったかな？」

りれきに近づきすぎると落ちてしまうとわかったので、なるべく近くによらないように、男の人がどうなったのか、りれきを「そーっ」とのぞいてみると…。

「…なんだ、あれ…まぁ、いいかぁ」

男の人はバイクに乗って出かけるのをやめていました。自分の部屋なのか、ベッドのところでふとんをかぶっておびえているようすでした。

第2章 夢

「おおっ？　りれきが書き込まれたけど…ほんのわずかだ」

　りれきを見ているとき、空白だったりれきが、私の目の前でふわっふわっと描かれていきました。ところが、ほんのわずかで止まってしまいました。

「…もういい、ほかに行こう」

　すぐにりれきをのぞくと、男の人はまたバイクに乗って事故を起こすのです。りれきはほんのわずかだけ延びたけど、同じことだと思いました。私はりれきに落ちたことがショックだったので、男の人が出てくる前に、そこから移動しました。

「ずいぶん来てしまったようだけど、ここは…」

　そこは、りれきが置いてあるまわりの背景が青空ではなくて、黒い沼や枯れた黒い木などになっていました。

　あっちこっちのぞこうと思ったとき、暗いところには行ってはいけないという忠告をだれかに受けていたことを急に思い出したので、のぞくのをやめて戻ることにしました。このあと、どこへ戻ったのか、おぼえてはいません。

　そのほかにも、りれきの近くに透明な階段があり、男の人と女の人がすわっていて、その人たちと話をしました。夫婦のようで、男の人がやる気をなくして、女の人が説得していました。

　おさない子どもで終わるものすごく短いりれきや、書くスペースがないほどびっしり描かれているりれきなど、りれきにはさまざまなものがありました。すべてを見たわけではないので、どんなものがほかにあるのかわかりませんが、ここは最初に見たりれきのところと似てはいたのですが、全然ちがうところだと私は思います。いったいここは何なのか…。

空を飛ぶ大きな筆
―― 働くじいさん ――

　気がつけば、あたり一面に白い霧のようなものがかかっているところに私はいました。

「ん？　ここはどこだろう？」
　あたりを見まわしたのだけど、白い霧みたいなものがかかっていたので、これといったものは何も見えません。少しでも動けば、いたところがわからなくなりそうな感じでした。

「まちがえて来ちゃったのかな？」
　まわりに何も見えないので、なにかのまちがいでこの場所に来てしまったと思った私は、すぐに帰ろうと思ったのだけど、帰り道がわかりませんでした。しかたないのであたりをウロウロしていると、白い着物を着たじいさんを見つけました。

> 帰ろうと思ったとき、どこから来たのか、どこへ帰ればいいのかわかりませんでした。

「…？」
　私がじいさんを見つけると、すぐにじいさんも私に気がついたらしく、私のことを見るなり、「スーッ」と私に向かって近づいてきました。

「あの顔は…もしかして怒っているのかな？」
　離れていたときは気がつかなかったのですが、じいさんが私の方へ少しずつ近づくにつれて、見たかぎりでは顔の表情がものすごく

第2章　夢

怒っているように思えました。

> じいさんは髪の毛がなく、短い白いひげで白い着物姿、手はあるけど足はなく、少し浮いて移動していました。
> 近くに来ると白い着物はうすい感じの生地(きじ)とわかり、顔の表情は棺桶(かんおけ)に入っているじいさんの表情そのものでした。

「あのっ、あのっ、ごめんなさい、まちがって来ちゃったみたいで」

だんだん近づいてくるじいさんを見て、あわてた私はとりあえずあやまりました。

「……」

ところが、あやまりながらこの場を去ろうとした私を見たじいさんは、私のそばに来るなり、文句を言うどころか、あわてて身ぶりそぶりで私に話しかけてきたのです。

「…え？　まちがってないの？」

どうやらじいさんは話をすることができないみたいで、私が言ったことにうなずいていました。

「……」

じいさんはだまってうなずくと、私の方に背中を向けて「スーッ」と霧の中に向かっていき、見えなくなりました。

「まちがってないのかぁ。ここは何なんだろうなぁ」

一人になった私は、何がなんだかわからずに、とりあえずまわりに何かないものかと、あたりを見まわしながらウロウロと動きだしました。

「…?」
　ウロウロしていると、さっきのじいさんがあわてて私の方へとひき返してきました。

「あーっ、また何かやってしまったのかな？　ごめんなさい」
　あわてて私の方へとひき返してきたじいさんのようすを見たとき、これは知らないうちに私が何かをしてしまったのだと思いました。

「……」
　じいさんは、あやまる私を怒るようすはなく、再び身ぶりそぶりで何かを伝えてきました。

「え？　怒ってないの？」
「……」

「もともとそういう顔？」
「……」

「動かないでここにいろ？　ここから動くなってことか！」
「……」
　どうやらじいさんは「あなたはまちがってここに来たのではないし、私は怒ってはいない。頼むから動かないでそこにいてほしい」と言っているみたいだとわかりました。

「わかりました」
　私はよくわからなかったのですが、とりあえずその場にいることにしました。

「……」
　私がわかったとじいさんに伝えると、じいさんは私の方をふり返

第2章 夢

りながらまた霧の中へ消えていきました。

「なんだ、あれ？　あんなところにいつの間にか巻き物がひろげてある。さっきまで何もなかったのに…。行ってみよう」

　動くなと言われても、だまっていつまでもいられるわけもなく、キョロキョロしていると何もなかったところに巻き物が一つだけひろげて置いてありました。ただここにいてもつまらないので、すぐに巻き物の近くに行ってみることにしました。

「なんで一つだけここに巻き物があるのだろう…。落とし物かな？」

　何も書かれていないまっ白な巻き物が一つだけひろげて置いてあり、だれかの名前が書いてある白い札がついていました。

「なんだ、これ？　動いてる」

　何だろうと巻き物を見ていると、ひろげてある巻き物の端(はじ)の方に書かれている小さい点みたいなものが少しずつ大きくなり、またたく間に人間の赤ちゃんになりました。

> じーっと見ていたら小さい点みたいなものが少しずつ大きくなって赤ん坊になり、人間とわかりました。どんどん大きくなり、そのようすは、まるで巻き物の中で育っていくようでした。

「この調子だとすぐにいっぱいになってしまうなぁ」

　どんどん成長していく姿が巻き物に描かれていくのですが、それほど長い巻き物ではないので、このままでは描ききれないと心配していると、おどろくことが起きました。

> 巻き物が一つゆっくり飛んできて、私が見ていた、ひろ

> げてある巻き物のわきに並びました。なぜ巻き物が飛んでいるのかおどろきです。

「なんで動くのだろう？」
　緑色の柄の巻き物がひろげてある巻き物のわきに並ぶと、赤いひもがほどけて自分でひろがっていきました。何も書いていないまっ白なもので、それには名札に名前も書いてありませんでした。

「おっ、おっ？　なんだ？」
　何か動く感じがしたのでその方向を見てみると、巻き物の次は筆が飛んできました。

> 　巻き物が飛ぶなら、筆が飛んでもたいしておどろくわけもないのですが、その筆の形におどろきました。だきついても手がまわらないくらい、とっても大きな筆が飛んできたのです。

「上から下へとなぞるだけ、しかも漢字で字がキレイ」
　大木みたいな筆でどうやって書くのかと思えば、名札のところを上から下へと「スッ」と筆が動くと同時に名前が書かれていました。字がキレイでびっくりです。

> 　新しい巻き物に書かれた名前は、最初に書かれてあった巻き物とは別の名前が書かれたのですが、最初の巻き物の続きが描かれていきました。
> 　名前がちがう巻き物が二つ並んでいるようすは、前編と後編のものがたりのような感じに思えました。

「なるほど。やっぱり自分でまるまっていくのか」

第2章 夢

　新しい巻き物に続きが描かれはじめると、最初にあった巻き物がわきで自分からまるまっていきました。赤いヒモでしばられると、新しい巻き物が飛んできた方向とは別の方向へ飛んでいきました。

🐭❓「あんなところにソリが…あれ？　さっきのじいさんがいる」
　巻き物が飛んでいった方向にはソリがありました。ソリにはすでに山のように巻き物が乗っていて、その上に飛んでいった巻き物が乗りました。ソリのうしろにじいさんがいて、どうやら山積みになった巻き物をじいさんが運ぶみたいでした。

> 🐭　よく見ると、じいさんに似ている人がほかにもいました。みんな必死になって巻き物を運んでいるみたいです。ソリに山積みとなった巻き物を、必死になって押しているみたいだけど、足がないのが原因なのか、ソリがなかなか動いてくれないみたいでした。

🐭「なるほど、そういうことか…」
　じいさんたちが必死になって仕事をしている姿を見て気がつきました。「どうやら私はここで働くのだ」と。来たばかりの新人なので何もわからないだろうから、とりあえずここにいて私たちの仕事を見て覚えなさいということだったのかと、理解しました。

🐭「さっそく手伝いに行かなければいけない…でも、わからないのに手伝って邪魔にならないかな？」
　じいさんたちの手伝いをしなければいけないと思ったのですが、何を手伝っていいのかわかりませんでした。

🐭「考えてみれば、突然ここへ来て働けと言われてもいやだなぁ。でも大変そうだから手伝わなければいけないし…」
　正直に言えば、手伝うのがいやでした。一度手伝ってしまえば、

もう休憩はないのではと思ったのです。

> 私は死んでしまい、突然ここへ来て今日から働くと思いました。今は休憩中で、休憩が終われば休みなしで働かなければいけないと感じてしまいました。手伝うのはいいとしても、せめて事情が知りたかったのです。聞きたくても忙しそうで、とてもそんな状況ではなく、複雑な思いでいっぱいでした。

「う～ん。いつまでも休んでいるわけにはいかない」

考え事をしているあいだでも、じいさんたちは必死になって仕事をしていました。押しても押しても山積みになったソリはなかなか動いてくれないようすです。そんな状況を見てだまっているわけにはいかないと思い、私は手伝うことにしました。

「じいさんのことをなんと呼ぼうかな？　こういうときは兄者(あにじゃ)かな？　でもじいさんに兄者(あにじゃ)はないだろう」

じいさんたちのことをなんと呼ぼうかなどと考えながら、じいさんたちのいる方へ向かうと…。

「あの…、あの…」

じいさんたちはだれも私の方を見むきもせずに、ソリを押して霧の中に消えていってしまいました。

「…どういうこと？」

あたりを見わたせば、霧以外に何もなく、もちろん、置いてあった巻き物も、いつの間にかなくなっていました。しばらくしてもだれも戻ってくるようすはなく、私は一人で「ボーッ」としていました。

「帰ろう」
このあとどこへ帰ったのかおぼえていません。
ここはいったいなんなのか…。

これからどこに向かうの？
馬車とヨロイの馬

「う〜ん、ここはどこだろう？」

　気がつけば空を飛んでいました。大地がかなり見とおせるくらい高いところです。空から下を見おろすと、そこは荒れた大地のようにさびしい感じの場所でした。

「どこまで行っても同じ風景だ。いったんここらへんで下におりてみようっと」

　一つ建物をすぎたところで、先にもう一つ建物がありました。上から見ると同じつくりの建物だったので、いったん下へおりて建物のようすを見てみることにしました。

> 　上から見たかぎり、ずっと同じような風景が続いているようでした。同じ建物が一定の間隔でポツリ、ポツリと建っていて、それ以外に気になるものはなく、緑の少ない木がところどころにあるだけでした。

「ここはなんだろうなぁ」

　建物はちょっと大きめの２階建ての家みたいな感じでした。両わきにカベはあるのだけど、正面にはカベがなく、外から中のようすが見えました。

「だれかいるみたいだ。行ってみよう」

　１階の正面に体の透明な人たちが何人かいるのを見つけました。さっそくその人たちに、ここが何なのか聞いてみることにしました。

第2章 夢

「なにしているの？」

　建物の正面にある、2、3段ぐらいの階段のところにすわり、下を向いている人に話しかけてみました。ところが透明なその人は返事をするどころか、ぴくりとも動くようすはありません。

「あっちの人に話しかけてみよう」

　考え事に夢中になっているので忙しいのだろうと思った私は、邪魔をしたらいけないと思い、近くにいる、立ったままカベにかざってある絵を見ていた人に話しかけてみることにしました。

「絵…絵、好きなの？」
「……」

「おいしそうだね。くだものが好き？」
「……」

　この人も、絵を見ることに夢中になっているのか、一言も話をせず、またぴくりとも動くようすがありませんでした。
　ちなみに、絵はいろいろなくだものが描いてある絵でした。

> この人たちは体が透明な人たちで、人の形はしているのだけど、顔や着ているものがわからないので、男の人か女の人かさえわかりません。ただなんとなく、さびしい感じはしていました。

「あっちの人に聞いてみようかな？」

　しつこく話をしたらめいわくになると思った私は、その近くにいた、カベに寄りかかりながらすわっている人に話しかけてみようと思いました。

「やっぱりやめた」

話しかけようと思ったのですが、どうせこの人も同じだろうと思い、その人の前を通りすぎて、建物の奥へと向かいました。

「ん？　みんな上に向かっているみたいだけど、上に何かあるのかな？　オレも上に行ってみよう」
　すぐに上に行く階段を見つけました。階段のところには人がたくさんいて、上に向かっているようすだったので、これは上に何かあると思いました。

「なかなか進まないなぁ」
　階段はそれほど大きいものではなく、大人二人並べるようなもので、のぼる人右側、おりる人左側の列になっていました。前の人が遅いのか、その前の人が遅いのか、１段１段がとても遅く感じました。

> 上の階にだれかがいて、ハンコか何かを押してもらえるのではないかと考えながら１段１段のぼっていきました。

「うわっ、今の何だろう？　気持ちわるいなぁ」
　先に進めなくて階段の途中で待っているときに、上からおりてきた人の体の一部に私の体の一部がふれました。その瞬間、ものすごく気持ちわるい意識が流れてきました。

> 体にさわるとその人の考えていることが伝わってきました。めんどうとか、だるいとか、そういった考えが、モヤモヤと流れてきて、とてもいやな感じになりました。

「さわらないようにしないと大変だ。早く上につかないかなぁ」
　前やうしろやわきの人にさわらないように注意しながら、しばらくするとやっと２階にたどりつくことができました。

🗨️「あのテーブルのところに何かあるのかな？」

　2階に着いてもみんな並んでいて、前にたくさん人がいるので、はっきりとはわからないのですが、テーブルのところで戻ってきているように見えました。私は順番を守って流れのまま先へ進んだのですが…。

🗨️「なに、これ？　何もないでしょ」

　これといって何もなく、テーブルだけがありました。

> 　2階にはテーブルがあり、みんなはそのテーブルのまわりをぐるっとまわっているだけでした。

🗨️「みんなのぼってきてる。おりるのもまた混んでる」

　なんにもなくてがっかりです。おりるときもみんなに並んでおりたのですが、おりるときは意外と早くおりられて、1階におりてすぐに列から離れました。どうやらこの人たちはほかにやることがないので、階段をのぼったりおりたりしているみたいです。

🗨️「ここはいったい何なんだ？」

　ほかに何もなく、しかたないので建物の裏にまわり、あたりのけしきをながめていました。自分の背より少し低い、葉の少ない木がポツリポツリとあるくらいで、それ以外何も目につくものはありませんでした。

🗨️「なんでこんなところへ来てしまったのだろう？　これからどうすればいいのだろう…」

　何もやることがないのでトコトコと建物の裏から正面の方へ向かったら、さっきとは状況が変わっていました。

「馬車？　馬車だ、馬車が来た」

建物の前に馬車が来たのです。こんなところに馬車が来るとは思ってもみなかった私は、さっそく馬車の近くへ行ってみることにしました。近くに寄っていき、すぐに気がついたのは、馬車を運転してきたのはヨロイのヘイタイだということでした。

「あっ、ヨロイのヘイタイだ。馬車にも乗っているのか」

その姿を見たとたん、突然足が重くなる感じになり、馬車に近寄りにくくなりました。

> 馬車はヨロイのヘイタイが二人で乗ってきました。木でできているみたいで、車輪も木でできていました。上の部分、屋根にあたるところは白い布がかかっていました。白い馬が引いていました。

「あれ？　馬のようすがおかしい」

たしかに白い馬でした。でもよく見てみると、なにかおかしいのです。全身がヨロイでおおわれているというか、ヨロイでできているというか…。

「馬だと思ったらヨロイの馬だ。なんで動くのだろ？」

それは完全にヨロイでできた馬でした。全身が白いヨロイでつながっていて、ところどころに赤いマークが入っていました。
白いヨロイのすき間から馬は見えませんでした。

「あっ、オレも並ばないと乗せてもらえなくなってしまう」

ヨロイの馬を見ていたとき、ヨロイのヘイタイが一人馬車からおりて、馬車の乗り口のところにヤリを持って立ちました。みんなが馬車に乗るみたいです。モタモタしていたら乗りおくれてしまうと思った私は、すぐに馬車に乗る列に並びました。

馬車に乗れるとは思ってもみなかったので、とてもよろこびながら自分の番を待ちました。

「もうすぐオレの番だ。乗るのに何か必要なのかな？」
　馬車に乗る人たちのようすから、馬車に乗るのに何も必要ないみたいでした。この馬車がどこに行こうとも、こんなところにいるよりはましだろうと、馬車の行き先も気になりませんでした。

「え？…なんで？」
　私の順番が来たのでドキドキしながら馬車に乗ろうとした瞬間、ヨロイのヘイタイがいきなりヤリを倒して馬車の乗り口をふさぎました。

> なんとなく乗せてもらえないような気はしていましたが、馬車にどうしても乗りたかったので、みんなにまぎれて乗ろうとしたのだけど、私に気がついたらしく、乗せてもらえませんでした。

「……」
　ヨロイのヘイタイはヤリを倒したまま何も言いませんでした。私のうしろにはまだ並んでいる人たちがいたので、みんなのめいわくになると思い、何も言わず馬車のうしろへと移動しました。すぐにヨロイのヘイタイはヤリを戻し、残りのみんなを馬車に乗せました。

「みんな楽しそうだなぁ」
　馬車に乗った人たちは、建物にいたときと表情はちがって、よろこんでいるように見えました。なかにはよろこびのあまり、わずかに姿を出す人もいました。

> 透明で姿は人の形をしているというだけだったのに、馬

> 車に乗ってよろこんでいるとき、顔や髪の毛や洋服などがうっすら出たり消えたりしていました。ウェスタンの帽子とチョッキを着ていた人は外人でした。

「なんだ、あの人たち、話すことできたのか…」
馬車の中で話をしている姿を見たとき、複雑な気持ちでした。

すぐに馬車はみんなを乗せて走っていきました。私は建物の前でそのようすを見ていました。

「これからどうしよう？」
空から来たということはすっかり忘れているので、これからどうしようと真剣に悩みました。
そのあと、どこに行ったのかおぼえていません。

第2章 夢

赤いワンピースの女の子と、
白い着物のじい様

気がつけば、きれいに整備されている道に立っていました。
なぜここにいるのかわからず、うしろをふり返ると、白く濃い霧がかかっていて、戻ることはとてもむりな状態でした。

「ここはどこだろう？」
白い石でできた道の左側には小さな川がありました。

> 道の幅は5～6mぐらいで、白い長方形の板みたいな石でできていて、少しのぼり坂のようになっていました。
> 全体には白い霧がかかっている感じです。

「水が流れてる」
すぐに道のわきにある川をのぞいてみることにしました。
はじめは気がつかなかったのですが、川のそばに寄って水に顔を近づけると、川を流れる水の音が聞こえてきました。

「う～ん、とってもいい音がする」
その音は、とっても落ちつく音でした。ここは音がないところなので、聞きたいと思えば聞こえるのですが、頭の中に直接音が聞こえてくるので、とってもひびいて聞こえます。

「何かないかな？」
川の中に何かないかと、キョロキョロのぞいてみたのですが、これといって何もありませんでした。

> その川の水はとてもきれいで、川底に敷きつめられている白い小石が一つずつはっきりと見えました。
> とにかくきれいで、波打つ水や小石のすき間にカゲがないというのがとっても不思議でした。

「この水はどこから流れてくるのかな？ この道をのぼって、たしかめてみよう」

まるで青空に浮かぶ雲の中にでもいるようなところで、上から水が流れてくるというのが不思議に思った私は、川沿いの道を上へ上へとのぼっていくことにしました。

「どこに行くのだろう…ん？ あれは休憩所かな？」

川を見ながらトコトコと坂をのぼっていくと、少し先の右側に小屋みたいなものを見つけました。

「だれかいるみたいだ」

少しずつ小屋に近づいていくうちに、小屋の中に老人と小さな女の子の姿が見えました。

> 小屋は山のハイキングコースにあるような、木でつくった休憩所みたいな感じのもので、屋根とイス、ちょっとした風よけの板がまわりにはってありました。
> 入り口にとびらなどはないので、近くに行けば中で休んでいる人の姿が見えました。

「あっ、だれか来た。お兄ちゃんだ」

休憩所まであと少しのところで、イスにすわっていた女の子が私に気がついたようです。小屋から出てきて道のまん中に立ち、私を見ていました。

「……」

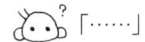

なんで小さい子どもがいるのだろうと思いながら小屋にたどりつくと…。

「お兄ちゃんだ、お兄ちゃんが来た」
「おや？　これはめずらしい…」
二人はこんなことを言っていました。

> 女の子はうしろ髪を二つにしばっていて、赤いワンピースのスカートを着ていました。老人は白く長いひげをはやし、まっ白な着物を着ていて、手と足はあり、とってもやさしそうな感じのじいさんでした。

「あの〜、知らないうちにここに来ちゃったのだけど…」
気がつけば近くのところにいて、水が流れる川を見ているうちにここについたことを老人に説明しました。
「ほう…」
老人はしずかに私の話を聞いていました。

「これからどこへ行けばいいのかわからないんだ」
「ふむ、それはさぞお困りのことでしょう。知らずにここへ来たといえど、何かしらの意味があってのこと。では私が案内してさしあげましょう…」
「お兄ちゃんはあたしが！　あたしが案内してあげる。ねェ、いいでしょ」
少し老人と話をしたあと、ここを案内してもらうことになりましたが、わきで話を聞いていた女の子が案内したいと言いだしたので、案内は女の子にしてもらうことになりました。

「お兄ちゃん、あたしのあとについてきてネ」
「うん」
くわしい話はなにも聞かないまま、女の子についていくことになりました。女の子はとってもよろこんでいました。

> このあと女の子はぬけ道とか近道とか言って、大きい道からはずれた、わかりにくいところをどんどん先に進んでいきました。私はそのあとをトコトコとついていったのですが、気がつけばいつの間にか神社の敷地みたいなところへ出てきました。

「勝手に入って歩いていいのかな？ せめて通路を歩こう」
そこは白い小石がキレイに敷き詰められているところで、歩くところにはたいらな白い石が並んでありました。

「お兄ちゃん、これ見て。これ、なんだかわかる？」
どんどん先に行く女の子が急にたち止まったかと思うと、目の前に柱みたいなものがあり、それを見てと言いました。

「これは何だろう？」
それは３ｍぐらいの高さの四角い柱みたいなもので、１面１面に動物みたいなものが彫ってある石の何かでした。

「これで、離れたところにいるおばあちゃんと話ができるの」
「え？ これで話ができるの？」
見たかぎりでは、それはたんなる柱か、かざり物としか思えませんでした。

> その四角い柱みたいなものに彫ってある動物は見たことがないもので、顔はサルのようだけど、口が鳥のロバシに

> なっていました。

🐸「ここんところに向かって話をするの。お兄ちゃんも話をしてみたら?」
🐸「う〜ん、オレはいいよ。だって話をする人がいないから」

　小さい女の子の言うことなので、話ができるのかどうかわからなかったのですが、一応話をする人を考えました。でも、話をしたい人がだれも思い浮かびませんでした。

> こんな話をしたあと、また女の子に案内されて、どこかへ向かっていきました。女の子の案内する道は、道というより、建物の敷地を横ぎるような感じのものなので、何がなんだかさっぱりわかりませんでした。

🐸「よくこんな道がわかるネ」
🐸「いつもここを通るんだ。ここがいちばん近道なの。ほんとうはここを教えちゃだめなんだけど、お兄ちゃんは特別だからいいの…」

🐸「芝生がある」

　道らしい道を通らずにたどりついたところは、なんだかわからない場所でした。ずっとさびしい感じのところを通ってきたので、緑が見えたときは少し「ホッ」としました。

> 白い小石がずっと敷きつめられていて、ところどころに芝生が見えました。ずっと先には平屋の大きな建物があるようでした。それがなんなのかはわかりません。

🐸「花が咲いてる」

　芝生の中に白い小さな柵があり、その柵の中に花びらの大きなチ

ューリップみたいなものがキレイに並んで咲いていました。ここで花を見たのははじめてだったので、少しうれしかったです。

「わーい」
「ん？　子どもたちがたくさんいる」
　私が花に見とれていると、女の子はうれしそうに走っていきました。その方向には小さい子どもたちがたくさんいて、追いかけっこなどをして遊んでいるようすでした。

「…いなくなってしまった。まぁ、しかたないか」
　案内してくれた女の子と同じくらいの子どもたちがいれば遊びたくなるのはしかたないと思い、私は芝生の近くで子どもたちのようすを見ていることにしました。

「あ〜あ、芝生の中に入って花までのぼって…」
　小さい男の子たちが追いかけっこをしながら私の近くに来ました。追いかけっこに夢中になり、芝生の中に入り、柵を乗りこえ、花をのぼってしまいました。

「あのネ、キレイに並んで咲いている花をだめにしてしまうから、柵の中に入ってはだめだよ。この柵は入らないようにって意味なんだからネ」
「いいの※　なんだ、こんなの※」
　私が小さい男の子たちを注意したとたん、その中の一人が柵を倒し始めました。次から次へと柵を倒すと、今度は花を踏みつけ始めたのです。追いかけっこから突然花を踏む遊びになってしまったみたいです。

「あーっ、よけいなことを言わなければよかった」
　私がよけいなことを言ったために、踏まれる必要もない花まで踏

まれてしまったと思いました。

> 早くほかに行ってくれと願いながら踏まれた花を見ていました。
> このとき、小さい男の子のようすを見て気がついたのですが、この男の子は体全体に黒いカゲが入っていました。

「やっと行ってくれたけど、花は全滅だ」

柵をすべて倒し、花をぜんぶ踏みつけて満足したのか、その男の子は走って去っていきました。

男の子が走っていくのを確認して、もう一度花のようすを見てみると…。

「あれ？　みんなきれいになおってる」

おどろくことに、目を離したわずかな間に、何もかもキレイになおっていました。私が心配する必要はなかったみたいです。

> 子どもたちが花や柵を取ったりのぼったりなどしたとしても、少したてばきちんとなおるというのにはびっくりです。どうなってなおるのかはわかりません。とっても不思議です。

「…女の子はどこかに行ったきり帰ってこないけど、遊ぶのに夢中で、オレのこと、忘れちゃったのかな？」

しばらくしても女の子が戻ってくるようすはなかったので、いつまでもここにいるよりさがした方が早いと思い、子どもたちのいる方へ行ってみることにしました。

「う〜ん、ちがう、う〜ん、ちがう。どこにいるのだろう？」

似たりよったりの子どもたちがあっちこっちで走りまわっている

ので、思ったよりさがすのは大変でした。
　赤いワンピースの女の子をさがしはじめてすぐ、二人の小さい男の子たちが私に気がついたようでした。

「あっ、お兄ちゃんがいる。お兄ちゃんに聞けばわかるかな？」
「……」
　近くでボソボソと話をしているのが聞こえてきました。
　私は赤いワンピースの女の子をさがさなくてはいけないので通りすぎようとしたのですが…。

「お兄ちゃん、お兄ちゃん、あっちにおもしろいものがあるんだ」
　二人の男の子たちが、何やらおもしろいものがあるので一緒に来てほしいと話しかけてきました。

「おもしろいもの？」
　右から左からと男の子たちが何やらさわいでいたので、男の子たちのいきおいで、とりあえずついていってみると、そこには石でできている、横長い何かがありました。

> 神社やお寺などで見たことがある、石でできた手を洗ったりするようなものが、ものすごく長くなって一度にたくさんの人が手を洗えるような感じでした。

「ここのところを見てみて」
　二人の男の子たちが見てというところには、前にりれきのところで見た、サルなのか恐竜なのかわからない石像がありました。

「これは何だろうね？」
「ちがうよ、ここのところだよ。ここをのぞいてみて。何か動

いているでしょ。それ、なんだかわかる？」

「あっ、ここ？　えーっと、何が見えるのかな？」
　石でできた手洗い場みたいなものを上からのぞくと、水がくんであるかのようになっていました。水の中をよく見てみると、それが何であるのかすぐに気がつきました。

> これは手を洗うものではなくて、りれきでした。巻き物のりれきと同じで、石でできているものでした。

「何見てるの？　見せて、見せて」
　石でできたりれきを私がのぞいていると、うしろの方から大声でさわいでいる男の子の声が聞こえました。
　その男の子が私のわきにいきなり割りこんできたのですが、その瞬間、とんでもないことが起きました。

「ギャーーッ※」
　私はあまりにもびっくりして、気絶するのではないかと思いました。

> 石像が動きました。石なので動くわけがないと思っていたのですが、閉じた目と口を開き、キバを見せたのです。
> 　目が光をはなつのですが、その光が体をつきぬけるので、少しの間動けなくなりました。私は石像の口の目の前にいたので、頭をかみくだかれるかと思いました。

「……」
「おまえはあっちに行けヨ。こっちに来るなヨ」
　私が「ボーッ」としていると、二人の男の子たちは、あとから来た男の子に文句を言っていました。

「なんだよ、見たっていいだろ※」
　柵を壊したり、花を踏みつけたりしていた体の中に黒いカゲが入った男の子でした。どうやらこの男の子が原因で石像が動いたみたいです。

> 体の中にカゲがある人が近づけないようになっているのか、いたずらしないようになっているのか、くわしいことはわかりません。わかったことは、石像は石でできているのに動くということです。

「もっ、もうたくさんだ」
　私は子どもたちから逃げるようにその場から去りました。子どもたちをさけて広場らしいところの端（はじ）の方へ行くと、赤い花がたくさん咲いているのを見つけました。

> 自然に咲いている赤い花のあつまりを見つけました。１輪咲きのまっ赤な花はつぼみ半開き、全開と咲きわかれていて、小さい先のとがった花びらがいくつもあり、とってもキレイでした。

「ん？　水がわき出ている。なるほど、ここから水が…」
　赤い花がたくさん咲いているところから水がわき出ていました。もしかしたら、この水が、白い石が並べてあった道のわきを流れている川につながるのかもしれないと思いました。

「…ん？　何かしたのかな？」
　水がわいてくるのを見ていたら、遠くの方で子どもたちがよろこぶ声みたいなものが聞こえました。気になったので子どもたちのいる方を見てみると、子どもたちが同じ方向に向かってあつまってい

るようすでした。

🐣「なんだろう？　オレも行ってみよう」

　私もさっそく子どもたちがあつまっている方向に行ってみることにしました。

🐣「あの馬車だ。なんでここに来ているのだろう？」

　ヨロイのヘイタイに、ヨロイの馬、白い布でできた屋根の、木の馬車が来ていました。そこには、休憩所みたいな小屋にいた老人も来ていました。

> 　馬車には老人が先に乗りました。それに続いて子どもたちが次々と乗り込んでいきました。私は乗せてもらえないと思ったので、馬車のうしろのはなれたところで、そのようすを見ていたのですが、老人が馬車のうしろの左側にすわり、いつの間にか赤いワンピースの女の子がそのとなりにすわっていました。

🐣「この馬車はどこに行くのだろう？」

　私が馬車のうしろでみんなのようすを見ていて気がついたのですが、ここには老人以外おとなは見あたらず、馬車に乗っているのは子どもたちばかりで、おとながいないということでした。

👧「お兄ちゃんは乗らないの？」
👴「あのお方はちがうのじゃ…」

　赤いワンピースの女の子が馬車のうしろに私がいることに気がつき、老人と話をしているのが聞こえてきました。二人が話をしているときに馬車が動きだし、気がつけば私は一人でその場にいました。

　走っていく馬車から赤いワンピースの女の子が心配そうに私のことを見ていました。

「ねぇ、どこ行くの？　これからどこに行くの？」
　私はあわてて、どこに行くのかたずねたのですが、すでに馬車は離れてしまい、どんどん先へと進んでいきました。

> 　子どもたちが心配でした。行き先がわからないのに馬車に乗っているのではないかと思いました。

「馬車のあとを追いかけて、たしかめてやる」
　子どもたちが心配な私は、馬車のあとをついていくことにしました。馬車はそれほど速くはないので、追いかければ追いつけそうでした。

「ん？　だんだん速くなっていく」
　馬車までそれほど距離ははなれてないのだけど、なぜか追いつくことができません。馬車のスピードが少しずつあがっていくみたいでした。

「お兄ちゃんが追いかけてきた」
　赤いワンピースの女の子が、馬車を追いかける私のことをじっと見ているのがわかりました。

「負けてられるかぁ」
　いつの間にか馬車との追いかけっこになっていました。とにかく馬車に追いつこうと必死で馬車を追いかけました。

「えっ、そんな…」
　馬車に少しずつ近づいて、あと少しで追いつくというとき、馬車が少しずつ空に浮いていきました。今度は空を走り始めたのです。

> 「なるほど、あの馬車は空を飛べるのかぁ」

感心している場合ではありません。私もすぐに空にあがり、馬車を追いかけました。もうすでにかなりの速さです。私の方が速いのか、みるみる馬車に近づいて、あとわずかなところで…。

> 「消えた…。ここんところからスーッと消えた」

私の目の前で馬車が消えました。空にプカプカと浮きながら、馬車が消えたところを何度も調べたのですが、何もわかりませんでした。

> 空の一部がカーテンでできているかのように、馬車がそのカーテンの中にとびこんで消えた感じです。消えるとき、カーテンのすき間から宇宙みたいなものが見えました。

> 「ずいぶん来てしまったようだけど、ここはどこだろう？」

ずーっと続いている大地。でも、左側は大地が切れていて、空になっていました。まるで空に浮かぶ大地のようなところです。

ここがどこなのか、このあと、どこに行ったのか、そのあとのことはおぼえていません。

夕ぐれの山を歩く人たち
やさしいおばあちゃんなのに…

ここは少しうす暗いところでした。

「夕方かな？　ここはいったいどこなんだろう？」
気がつけば、たくさんの山が見わたせる空に浮かんでいました。まわりがうす暗かったので夕方だと思いました。

「なんでこんなところにいるのだろう？」
自分がなぜここにいるのかわからないまま、あっちこっちと空をウロウロしていると、山の林の中に道らしいものを見つけました。その道をたどると、その近くに何人かの人がいるように見えたので、さっそく近くまで行ってみることにしました。

> おとなの人たちが2列に並んで、みんなで山道を歩いているようすでした。数にすれば、30人ぐらいだと思います。

「夕方だというのに、こんな山の中でみんなはどこに行くのだろう？」
見わたすかぎり山しか見えないところで、どこに行くのかわからないけど、これ以上暗くなってしまえば大変だと思った私は、みんなの近くに行って声をかけてみることにしました。

> まわりが暗かったし、道のわきにたくさん木がはえていたので、しかたなく下へおりないで空に浮いたまま声をかけることにしました。

第2章　夢

「暗いというのに、みんなでどこに行くの？」
「……」
　私が声をかけたとたん、前を歩いていた人たちが立ちどまり、それに続いてみんなが歩くのをやめました。そのあとすぐ、先頭にいた男の人がいきなりさわぎだしました。

「え？　なんで怒っているのだろう？」
　少し離れていたせいか、ようすがわからなかったので、先頭の男の人の近くまで寄ってみました。

「どこかに行け※　帰れ※」
　私が声をかけたのが気に入らなかったらしく、先頭の男の人はすごく怒っていました。

「ああ…なんてことを言うの」
　怒っているその人のわきにおばあちゃんがいました。さわいでいるその人をあわてて注意していました。

「……」
　私は何がなんだかさっぱりわからず、ただだまってそのようすを見ていました。

> おばあちゃんは男の人の母親なのか、それとも知り合いなのか？　年寄りなのに、みんなと一緒に山道を歩いて大変だなどと考えていました。

「みんな聞け。あいつは神の手先だ。オレたちのようすを見にきたんだ。あいつを追い返せ※」
　私がだまってようすを見ていると、男の人は突然みんなにこんなことを言いだしました。

「え？…いや…まちがえて来ただけなんだけど」
　私の話はだれも聞くようすはなく、なぜか、どんどん話はへんな方向へ進んでいっているみたいでした。

> 　空に浮かびながら突然声をかけたのが原因で、話がへんな方向へ流れてしまいました。この人たちの話によると、私は神の使いの者で、みんなのようすをうかがい、神にそのようすを報告するとのことでした。
> 　気がつけばこの近くにいたので、ここがどこなのか聞こうと思ったのに、もうそんな状況ではなくなってしまいました。

「みんなであいつを追い返せ※」
　先頭の男の人がみんなに話をすると、みんながその人にしたがい、さわぎだしました。さわぎになったらもう話ができる状況ではありません。

「まいったなぁ。なんでそうなるんだろう」
「申しわけございません。申しわけございません…」
　みんなのようすを見ているとき、みんながさわいでいる中、おばあちゃんは私に向かって何度も何度も頭をさげてあやまっていました。

「あなたはやさしくて礼儀正しいのに、なぜその人たちと一緒にいるの？」
　まわりの人たちとはまったくちがうようすのおばあちゃんのことが気になったので、おばあちゃんに質問をしてみました。

「どうか私などかまわずに行ってくださいませ」

おばあちゃんは私の質問には答えずに、私にここから早く去ってほしいと言いました。

> まわりの人たちのさわぎはおさまることはなく、だんだんひどくなり、しまいには物を投げるそぶりをする人たちまで見られました。

「……」
　この人たちにこれ以上話をしてもむりと思った私は、何も言わず、その場からいっきに空の上の方へ離れていきました。だいぶ離れたところでみんなのようすを見ていると、少ししてからみんなで列をつくり、また歩きだしました。

「みんなでどこに行くのかなぁ？　その道をずっと行ったところで、けわしい山しかないのだけど…まぁ、いいかぁ」
　みんなが向かっている方向には平地はなく、けわしい山がいくつもいくつもあるだけでした。

「ここはどこなんだろ？」
　たくさん山が見おろせる空に浮かびながら、一人で「ボーッ」としていました。
　このあと私はどこに行ったのか覚えていません。

赤いとびらと番人

1）明るい方、暗い方

　ここがどこなのかわからず、あっちこっちとウロウロしていると、赤いとびらを見つけました。

　「何かの入り口かな？」
　建物の入り口なのか、どこかへ通じる入り口なのかわかりませんが、そこには赤い両開きのとびらがありました。

　「どこに出るのか、さっそく入ってみよう」
　すぐにとびらのところへ近づき、とびらをあけ、入ろうと思ったのですが、とびらをあけて、どうしようか迷ってしまいました。

　「う～ん、この先はどうなっているのだろう？」
　とびらをあけると、目の前は行きどまりになっていて、かわりに下へ向かう階段がありました。

> 　下へ向かう階段は左にうずをまくかのようになっていて、せまい階段なうえに手すりはありません。
> 　下の方にはあかりがないらしく、まっ暗やみとなっていて、階段は途中から見えなくなっていました。
> 　かなり奥まで続いているのかどうかわかりませんが、落ちたら大変だと思いました。

　「う～ん、ここは行くのやめておこう」
　闇へ向かう階段の先がどうなっているのか、とても興味はあった

のですが、見えるならまだしも、まったく見えないので、階段を踏みはずしたら大変だと思い、さんざん悩んだあげく、階段をおりていくのをやめました。

「ほかに何かないかな?」

その赤いとびらからはなれて、近くをウロウロとしているときでした。少し高いところにまた赤いとびらを見つけました。

「こっちにも赤いとびらがあった。でもさっきとはちがう」

その両開きの赤いとびらは、さっき見つけた赤いとびらとは状況がちがっていて、とびらの両わきに長く鋭いヤリを持ったヨロイのヘイタイが立っていました。

> あっちこっちで警備をしているヨロイのヘイタイがとびらを守っているようでした。だれでも入れる赤いとびらとは別に、かぎられた者しか入れない赤いとびら。まるで、来る者を分けるようにも思えました。

「う〜ん、あのとびらの向こうには何があるのだろう?」

気にはなるのだけど、さすがにヨロイのヘイタイがヤリを持って両わきに立っているのを見ると、近寄りたくても近寄れず、しかたなく、離れたところからしばらくようすを見ることにしました。

「ん? 向こうにだれかいるみたいだなぁ」

ヨロイのヘイタイがいる赤いとびらから離れたところに、人らしい姿が何人かいるように見えました。近くに行って話しかけて何かさわぎになったらいやだと思った私は、離れたところからようすを見ることにしました。

「何か言いあらそっているように見えるのだけど、いったい何

を言いあらそっているのかな？」
　その人たちまでの距離はけっこうあるので、さすがに何を話しているのかまではわかりませんが、何か言いあらそっているようには見えました。

> その人たちは４、５人ほどの体の透明な人たちで、体の中に丸い玉が見えていました。その人たちの一番うしろを歩く人が何かの原因で言いあらそいをしているように思えました。

「なんだ、あれ？　もしかして外国の人かな？」
　離れたところにいたので会話のやりとりはわかりませんが、よく見てみると体の中に文字やマークが浮かびあがるのを見て、もしかしたら外国の人かもしれないと思いました。もちろん確かめたわけではないのでわかりません。

「なんの言いあらそいをしているのだろう？」
　その人たちをしばらく見ていると、あることに気がつきました。

> なぜみんな透明なのに、一人だけ責められるのだろうと思い、責められている人をよく見てみると、体の中にある丸い玉にオレンジ色みたいな小さいゼリーのようなものが入っているのがわかりました。それが何なのかわかりませんが、ほかの人とちがうのはそれだけでした。

「もしかしたら、あのとびらに入るのに、言いあらそいをしているのかな？」
　これからヨロイのヘイタイがいる赤いとびらの向こうへ行くのに、ついてきてはいけない人がついてきているのでもめているというのが、なんとなくわかってきました。

郵 便 は が き

恐縮ですが
切手を貼っ
てお出しく
ださい

160-0004

東京都新宿区
四谷4−28−20

（株）たま出版

　　　　　ご愛読者カード係行

書　名				
お買上 書店名	都道 府県	市区 郡		書店
ふりがな お名前			大正 昭和 平成　年生　歳	
ふりがな ご住所	□□□-□□□□		性別 男・女	
お電話 番　号	（ブックサービスの際、必要）	Eメール		
お買い求めの動機 1．書店店頭で見て　2．小社の目録を見て　3．人にすすめられて 4．新聞広告、雑誌記事、書評を見て(新聞、雑誌名　　　　　　)				
上の質問に1．と答えられた方の直接的な動機 1.タイトルにひかれた　2.著者　3.目次　4.カバーデザイン　5.帯　6.その他				
ご講読新聞　　　　　　　新聞		ご講読雑誌		

たま出版の本をお買い求めいただきありがとうございます。この愛読者カードは今後の小社出版の企画およびイベント等の資料として役立たせていただきます。

本書についてのご意見、ご感想をお聞かせ下さい。
① 内容について

② カバー、タイトル、編集について

今後、出版する上でとりあげてほしいテーマを挙げて下さい。

最近読んでおもしろかった本をお聞かせ下さい。

小社の目録や新刊情報はhttp://www.tamabook.comに出ていますが、コンピュータを使っていないので目録を　　希望する　　いらない

お客様の研究成果やお考えを出版してみたいというお気持ちはありますか。
ある　　ない　　内容・テーマ（　　　　　　　　　　　　　　　　　　　　）

「ある」場合、小社の担当者から出版のご案内が必要ですか。
希望する　　希望しない

ご協力ありがとうございました。

〈ブックサービスのご案内〉
小社書籍の直接販売を料金着払いの宅急便サービスにて承っております。ご購入希望がございましたら下の欄に書名と冊数をお書きの上ご返送下さい。

ご注文書名	冊数	ご注文書名	冊数
	冊		冊
	冊		冊

「あの人の知り合いなのかな？」
　体の中にある丸い玉に少しにごりのある人が責められていると、かばう人が見えました。もしかしたらその人の知り合いの人なのかもしれません。

「ここまで一緒に来たのだろうけど、ここから先へは一緒に行けないというわけか。つらいだろうけど、しかたのないことだ」
　丸い玉が透明な人たちは、少しにごりのある人だけを置いて、ヨロイのヘイタイがいる赤いとびらの方へと向かいました。
　離れるとき、一人だけ別れるのがつらいのか、とてもなごりおしいようすでした。一人残された丸い玉ににごりのある人は、その場でうずくまるようにすわっていました。

「ここから一人ではさびしいだろうなぁ」
　一人残されたその人が立ちあがって、すぐ近くの分かれ道のところを左下へと歩いていきました。

> 　体をまるめ、下を向きながら、ションボリと歩いていきました。泣いているのか、腕で顔をふいているそぶりをしていました。

「もしかしてあのとびらに入るのかな？」
　これからその人がどこに行くのか気になったのですが、先に進んでいった人たちがちょうどヨロイのヘイタイのいる赤いとびらの前に着いたのが見えたので、私はあわててその人たちのあとを追うことにしました。

「頑張ってね」
　みんなのあとを追うとき、一人だけになった人の近くを飛びなが

らひと声かけていきました。ふり向くことはしなかったので、聞こえたか聞こえないかはわかりません。

「さて、みんなが入ったということは、この先へ行けるということか」
みんながヨロイのヘイタイがいる赤いとびらの先へ向かったのを確認したので、私もさっそくそのとびらの近くに行きました。ヨロイのヘイタイがいる赤いとびらを通るのははじめてだったので少し不安でしたが、いざとびらの前に行くと…。

「なんでもなく通れた」
とびらの前でようすを見ようと思ったら、勝手にとびらがあいて、かんたんにとびらの先へ行くことができました。

> ヨロイのヘイタイはこわいけど、そこを通っていい人にすれば、何も問題はないみたいでした。

「なんだ、透明な階段があるだけか…」
とびらの先は、上に向かう、ものすごく幅の広い透明な階段がありました。階段の先はとてもまぶしい光がかがやいていました。
階段のところに先に入った人たちがいて、とてもよろこんでいました…。

ここから先は記憶がとぎれてしまい、おぼえていません。
この先はいったいどこへ行くのだろう…。

2）たくさんあるそのとびら

あっちこっちとウロウロしていると、気がつけば、赤い両開きのとびらの近くにいました。ここがどこなのかわかりませんが、そのとびらの前には、旅行の見学のように、たくさんの人たちがあつまっていました。

「なんでみんな入らないのだろう？」

私もみんなにまじってとびらのところに行ったのですが、とびらはあくようすがなく、両わきにいるヨロイのヘイタイがヤリを倒していました。

「この先には何があるのだろう？」

人がたくさんとびらの前で待っているということは、この先に何かあると思った私は、何があるのか知りたくて、ヨロイのヘイタイのヤリを目の前にしながら、とびらがあくのをじっと待ちつづけました。

> ここにあつまっていた人たちは半透明の人たちで、姿は見えていました。おばちゃんたちが多かったのが印象に残っています。たしか、手にメモみたいな紙を持っていた気がします。
>
> このあと少ししてからとびらがひらいたのですが、それなりの意味があるようでした。

「うわっ、たくさん人がいる。なんでこんなに混んでいるのだろう？」

とびらがひらくと同時に、ワレが先と、バーゲンセールのように中に入ってみれば、そこは洞くつみたいになっていて、どこかへ続く通路のようでした。そこにはたくさんの人たちがいて大変な混み

ようでした。

「この先は何があるのだろう？」

洞くつはふつうのトンネルぐらいの大きさなのですが、人がたくさんいるため、なかなか先へは進めず、なんでこんなに混んでいるのかさえもわかりません。

「これではどうしようもない」

洞くつの上があいているのを確認した私は、洞くつの高さぎりぎりのところまで浮きあがり、みんなの上を飛んで先へ行き、何があるのか見てくることにしました。

「急ぐのでごめんなさい」

だれも飛んでいる人がいなかったので、上を飛んで移動していたら、下にいたおばちゃんが私に気がついて驚いていました。みんなが並んでいるのに、飛んで先に行こうとしていると思ったのでしょう。

> ここは洞くつの中だというのに、洞くつを照らすあかりらしいものはなく、洞くつじたいが明るいところでした。

「ここが先頭かな？　何をしているのだろう」

洞くつの分かれ道があり、右側の方だったと思うのですが、その奥に並んでいる人たちの先頭が見えました。あまり近くまで寄らないのでくわしくはわかりませんが、そこで、たてめくりの白い台帳みたいなものに、何か書いているようなことをしていました。

> 右側の洞くつを見て、向かって左側に何かあり、何かを台帳に書いているみたいでした。台帳のわきに何かがあって邪魔なので、よくは見えませんでした。

第2章　夢

> 人がたくさんいたのでおりることができず、飛びながら近くに寄るわけもいかず、離れたところから何をしているのか見ていたのですが、このあと大変なことになりました。

「ん？　何かいやな予感がする」
　洞くつの通路で宙に浮きながらみんなのようすを見ていたとき、なんとなく気になったのでその方向を見てみると…。

「うわっ、見つかった。早く逃げないと大変だ」
　そこには白い着物を着た使いのじいさんがいました。私に気がついたようすで、こっちに向かってくるようすでした。

> 使いのじいさんたちは白い着物を着て、足がなく、空を飛んで移動するので、みんなとちがうとすぐにわかります。また、顔もこわいので、それでもわかります。

「つかまったら大変だ」
　じいさんが近くに来る前に大あわてで逃げました。
　洞くつをものすごい速さで飛んで、人のいない奥へ奥へと逃げつづけました。うしろをふり返る余裕もなく、ひたすら逃げました。

「とびらだ。たのむからあいてくれ」
　逃げた先にはとびらがありましたが、止まる余裕もなく、体あたりは覚悟のうえでとびらの近くに行くと、とびらがいきおいよくあいてくれました。その先がどこに行くのかなど考える余裕などなく、そのとびらをくぐりました。

「えーっ、また赤いとびらだ」
　洞くつの赤いとびらをぬけ、外に出たと思ったら、目の前には、

ヨロイのヘイタイがいる赤いとびらがありました。
　左側が滝のような崖(がけ)になっていて、右側は岩があり、戻るか先に進むかのどちらかしか行くことはできず、私は先に進むことにしました。

　その先はどこへ行ったのかおぼえてはいません。
　みんな並んでいるときは、きちんと並べば逃げることはなかったと思っています。いったいそこで何をしていたのか…。

第3章　役目

巻き物と鏡で取り調べをする
お役目様

　気がつけば、かわらつきの高いヘイにかこまれた建物の近くにいました。

「ここはなんの建物だろう？」
　高いヘイづたいに歩いていると、白い色の石でできている、丸くて太い柱のところにつきました。

> とても大きく急勾配(こうばい)のかわら屋根、高いヘイに、入り口には丸くて太い柱、それはアジアの映画の中に出てくる、えらい人が住んでいるようなつくりの建物でした。

「すごい柱だなぁ」
　丸くて太い柱のあるところが入り口なのか門なのか、そこのとびらがあいていて中のようすが見えました。
　柱をじろじろと見ているとき、建物の敷地内にいた人と目があってしまい、あわてた私はすぐに柱のかげにかくれてしまいました。

「あーっ、びっくりした。見つかってしまったかな？」
　別に悪いことはしてないと思うのですが、敷地内にいた人を見たらとっさにかくれてしまったのです。

> 目があったのは、白く長いひげをはやしたじいさんでした。白いふかふかの着物を着ていて、着物にはなにか絵が書いてあり、あきらかに今まで見たじいさんとはちがうということはすぐに気がつきました。

「ここは、なにかえらい人のいるところだ。なんでこんなところへ来てしまったのだろう？」

はじめて見た場所なのに、かかわってはいけない、ここへ来てはいけないと、なぜかそんな感じがしました。

「…何をしているのだろう？」

よけいなことに興味が出てしまい、のぞいてはいけないと思ってはいても、敷地の中のようすが気になって、柱のかげからなんども「チラリチラリ」とのぞいてしまいました。

「先ほどからそこにかくれている者よ、近くに来なさい」

柱のかげにかくれているときに声が聞こえました。

「オレのことを言っているのかな？…どうしよう？」

柱のかげから「そーっ」とじいさんの方をのぞくと、じいさんはこっちを見ていました。

「あのーっ、私ですか？」
「おぬし以外にだれがいる」

じいさんはとってもきびしそうな方でした。これはまずいことになったと思った私は、すぐにあやまりました。

「ごめんなさい、ごめんなさい。悪気(わるぎ)はないのです。反省してます。ごめんなさい」

のぞいたことを怒られると思い、あわててあやまりました。

「ほう…何も聞いておらぬのに反省しておると申すか？」

あわてる私とは逆に、じいさんはとても冷静で落ちついたようすでした。

🍄「いえ…あの…その…えーっと…」

　建物の敷地の中に入ってじい様を目の前にして、私はもうあわてる一方でした。

🍄「話を聞くまでもない。この者のこよみを持ってまいれ」

　じいさんがそう言うと、近くにいた使いの人の一人があわてて建物の中に入っていきました。

> 　白い着物を着た使いの人が何人かいて、そのほかにヨロイのヘイタイもいました。

🍄「えーっ、こよみって何？　わかんないけど持ってこないで」

　すぐに私の両わきにヨロイのヘイタイがつきました。この時私は、とうとうとんでもないところへ来てしまったと思いました。

🍄「ほう…なるほど…」

　すぐに使いの人が戻ってきました。手には巻き物を持っていて、じいさんに巻き物を手わたしました。

　じいさんはすぐにその巻き物をひろげ、書かれているものを見始めました。

> 　なぜ私がもう終わりだと思ったかといいますと、理由があるのです。柱のところからのぞいていたとき気がついたのですが、このじいさんは取り調べをするお役目様だったのです。ヨロイのヘイタイがつれてきた人を、何か調べているようすだったので、これはただではすまないと思ったわけです。

🍄「ああ、もう終わりだ。この先どうなるのだろう…」

第3章 役目

　私はすなおにもう終わりだと思いました。

「ふむ、罪としてここで修業をして反省をしなさい」
　じいさん、いやじい様は、巻き物を見ていたかと思うと、私を見るなりこう言いました。

「えーっ、え？　修業？　ここで修業ですか？」
　ヨロイのヘイタイにどこかへつれていかれるのかと思えば、いきなりここで修業といわれ、とにかくびっくりしました。

「ほう…いやと申すか？　ならば…」

「とんでもありません、頑張ります」
　全然さからう気はありません。いいわけも言う気はありません。そんなの通用しないのはわかっていますから、文句を言う気もありません。そんなことをすればこのあとどうなるのかなどと、考える気もありません。私はただとにかく言われたことはやろうと思いました。

「なに、こよみを持ってくるというかんたんなことじゃ」
「はい」
　じい様がこよみを持ってまいれと言うと、使いの人が動きだしました。私はその人の顔を見たのだけど、その人は何も言わず、私のことを見たあとすぐに建物の中に入っていったので、私はその人のあとをついていきました。

> 　白くてうすい着物を着たじいさんは、手はあるのだけど足はなく、宙を移動していました。白く短いひげをはやしていて、目はあいていません。鼻と耳は切り落とされてなかった気がします。

「……」
「……」

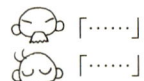

なんの説明もなく私の前を進む使いの人のあとを、私はだまってついていきました。

> 建物の左から入って、ずーっと奥に向かうと、途中左側に部屋があり、そこに入ると木の柵みたいなもので部屋が仕切られていて、そこに手が入るぐらいの枠があり、小さいテーブルみたいなものがついていて、その上に巻き物が一つ置いてありました。

「……」
「なるほど」

使いの人は巻き物をつかむと、何も言わずに来たときと同じ通路を戻っていき、私もだまってそのあとをついていきました。

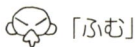

「ふむ」

巻き物がじい様に手わたされると、じい様はすぐに巻き物をひろげ、中に書かれているものを見ていました。

> 調べられる人が一人いて、その両わきにヨロイのヘイタイがヤリを持って立っていました。じい様の左側に楕円形の大きい鏡があり、じい様は、巻き物を見ては鏡も何度か見ているようすでした。

「鏡…何を見ているのだろう?」

私はじい様のうしろの階段の高いところにいたので、少しずつじい様のそばにより、巻き物と鏡をのぞきました。

第3章 役目

「う〜ん、わかんないなぁ」

巻き物はじい様のかげになっているので見えませんでした。鏡は、色がついたけむりみたいなものが次々とうつっているようにしか見えず、私が見ても何もわかりませんでした。

「ん？」

じい様がとり調べみたいなことをしているときに、そのうしろでキョロキョロとしていたら、調べられている人が私の方を見ていました。

> たぶん、一人だけヘンなのがいると思ったのだと思います。うしろでのぞいたことをじい様に言われたら大変だと思い、離れるようにうしろにさがりました。

「鏡と巻き物で何を調べているのだろう？」

じい様は何を調べているのかなどと考えながら、あたりを見まわしていると、使いの人たちがじい様の左うしろの方に待機しているのに気がつきました。

「オレはどこで待機すればいいのだろう？」

自分のいる場所はどこにしようと、じい様のまうしろでキョロキョロしているうちに、ヨロイのヘイタイが、調べられていた人と一緒に建物の端(はじ)の方へ行きました。

> 私が入ってきた正面入り口とは別に、その左方向に一つ、正面入り口の右方向には二つのとびらがあり、右側の二つのとびらのうちのどちらかに入っていきました。

「次のこよみを…」

じい様が、次のこよみと言うと、すぐに使いの人が動きました。

私はじい様のうしろにいたので、使いの人が私の方へ来ました。

🍄「私がとってきます」
　使いの人が私をよけて巻き物をとりに行こうとしたので、私が巻き物をとってくると言いました。

🍄「……」
　私が一人で巻き物をとってくると伝えると、使いの人は少しこまったようすでした。近くにいたじい様がそのことに気がついて…。

🍄「ならば、たのむ」
　私が巻き物をとってくることを許可しました。

🍄「はい、いってきます」
　これからここで働くということは、使いの人たちは私の先輩にあたるので、ここは私が行くべきだと思ったのです。

🍄「おっ、巻き物を発見しました」
　最初にとりにいったように行くと、巻き物がきちんと用意されていました。さっそく巻き物をにぎりしめ、すぐにじい様のところへと運んでいきました。

🍄「こよみをたのむ」
🍄「はい」
　思ったよりペースは早く、また巻き物をとってくるように言われました。一度一人で取りにいけばすぐに慣れてしまい…。

🍄「♪巻き物、巻き物♪　♪こよみ、こよみ♪」
　歌をうたいながらリズムにのって巻き物をとりにいきました。

第3章 役目

🐭「ムッ…だれが巻き物を用意しているのだろう？」

巻き物が置いてある部屋に入ると、だれもいないのに巻き物が用意されているというのが不思議に思い、木の柵の向こう側をのぞきました。

🐭「…次はいきなり来て、だれが用意するのか見つけてやる」

巻き物をつかむと急いでじい様のところにとどけました。次にじい様に巻き物をとってくるように言われたとき、ものすごいいきおいで戻ってきたのですが…。

🐭「…だれもいない」

言われたと同時に急いで来たのに、巻き物はきちんと用意されていました。木の柵の向こうをのぞいてもだれもいないのです。じい様のところへだれか来ると同時に、巻き物が用意されているような感じでした。

🐭「次のもたのむ」
🐭「はい」

2回3回となるとさらに慣れてきて、べつに急ぐわけもなく、あっちこっちとよそみをしながらトロトロと巻き物をとりにいきました。

🐭「ねぇ…だれもいないの？」

何度か巻き物をとりにきて、だれもいないということをたしかめた私は、ここで、あることを思いつきました。

🐭「うわーん…」

ここならだれにもわからないだろうと思い、泣くことにしたのです。

> 気がつけばこの建物の近くにいて、知らずに来てみれば、いきなり働くことになった私は、なぜかとってもつらかったので、だれもいないこの場所で泣くことにしたのです。思いっきり泣きました。

「…あーっ、すっきりした。これはいい、次もやろっと」
　さんざん泣いたあと、何ごともなかったように巻き物をじい様にとどけました。

「…ずいぶんおそかったのう？　次もたのむ」
「はい」
　急いで建物に入り、建物に入ったと同時に歌をうたいながら、巻き物が置いてある部屋に行き、木の柵の向こう側をのぞき、巻き物をつかむと…。

「ギャーッ」
　思いっきり大声で泣きました。

「あーっ、すっきりした。あんまりおそいとあやしまれるから早く戻ろう」
　さんざん大声で泣いたあと、急いで巻き物をじい様にとどけにいきました。

「巻き物を持ってきました」
「もうよい」
　巻き物を持ってじい様の前に姿をあらわすと、じい様は待っていたかのように、こんなことを言いました。

「毎回、裏で泣かれてはこまる」

「…え?」

巻き物を持ってきたとき、みんなのようすがなぜかおかしいと思っていたら、裏で大声で泣いていたことがバレていました。

「ちと、こらしめただけじゃ。そもそもおぬしの手をかりぬとも、ここは人手がまにあっておるわい」

「え? え? どういうことですか?」

じい様は私をこらしめるためにやったと言ったのだけど、私は言っていることがさっぱりわかりませんでした。

> まさか、取り調べのお役目様がじょうだんを言うとは思ってもないので、すなおによろこぶべきなのかどうかわからずに、とっても複雑な気持ちでした。ただ、このあとどこかに送られてしまうのではないかと、とっても不安でした。

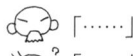

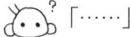

「……」

「……」

使いの人が私の近くに来ました。私の持ってきた巻き物を受けとりたいみたいなので、巻き物をわたしました。巻き物をわたすとき、なぜか表情が明るく感じました。

> このあとじい様が、とっても忙しいのだけど、取り調べをいちじ中断すると私に言いました。みんなに合図をすると、使いの人たちは自分たちの持ち場に戻りました。

「まあ、すわりなさい」

「はい」

じい様が階段のところにすわり、私にとなりへすわれと言ってきました。私はこれから何が起きるのかわからず、ビクビクしていま

した。

「ワシをじじいとは、言ってくれるのう…」
「え？　私はそんなこと、言った記憶はありません」
　じい様をじじいと呼んだことはないつもりですが、なぜかそんなことを言われました。

「まあ、そうかたくなるな。なにもかも忘れたか、わが友よ。なかなかおもしろかったわい。もしよければずっとここにいてもよいのじゃぞ、わっはっはっは…」
「え？…」
　屋敷の正面にある階段の中段くらいにじい様と二人で腰掛けながら、じい様の話を聞きました。
　じい様に肩を組まれて話を聞かされたときは、おどろきのあまり頭の中がまっ白になりました。

> じい様は私のことを知っていて、私が来たとき、ひと芝居うったとのことでした。そのほかにも私のことについていろいろ知っていて、話をしてもらったのですが、私はとても話を聞ける状態ではありませんでした。

「あの…その…そろそろ行かないと…」
　じい様に肩を組まれながら話を聞けと言われても、とても聞ける状態ではなく、驚きのあまりに少しでも早くここから立ち去りたかったので、帰ると言いました。

「そうか、いつまでもおぬしをひきとめておくわけにもいかんからのう。またいつでも遊びに来られよ」
　ものすごくこわいじじいかと思えば、ものすごくやさしいじい様でびっくりしました。

第3章　役目

「まだ行かなくちゃいけないとこがあるから…」

お役目様にとんでもないあつかいをされて、あまりにもうれしくてうれしくて、うれしさのあまりにわけのわからないことを言いながら、逃げるように建物の敷地から出てきました。

「……？」

建物の敷地から出て、なんとなくうしろが気になったのでふり返ってみると、じい様が私を見送るかのようにこっちを見ていたので、私はあわてて丸くて太い柱のかげにかくれました。

「あーっ、びっくりした、なんてもんじゃない」

このあと少し柱のかげにかくれていたのですが、そのあとのことはおぼえていません。

じい様に肩を組まれたとき、じい様の着物がとてもふかふかだったのをよくおぼえています。

待ちあわせ

=== なにを待っているの？ ===

　気がつけば空を飛んでいました。下を見ると、同じつくりの建物がいくつもキレイに並んでいるのが目につきました。

「あれは何だろう？　いったん下へおりてみよう」
　建物は四角いコンクリートの建物のようで、けっこう大きいものでした。中に入るとだれの姿も見えなかったので、近くにあった階段を上にのぼっていきました。

> 四角い建物は白いカベのあっさりしているもので、2〜3階建ての幅広い感じです。入り口はおぼえてないのですが、少し妙な感じだった気がします。この建物と同じものがものすごい数できれいに並んでありました。

「だれかいないかなぁ」
　こんなに大きな建物にだれもいないわけがないと思いながら、建物の中の白い階段をおりていくと…。

「あれ？　ここで何をやっているの」
「あら？　こんなところで会うなんて、奇遇だねぇ」
　知り合いの人がいました。知り合いといってもその頃の私は知らない人で、夢の中の私が知っている人みたいです。

> 顔は思いだせませんが、私よりずっと年上の女性でした。ここはものすごく広いところなので、知り合いの人に会うということはとてもめずらしいとおどろいていました。

(?)「一人で来たの？　彼女はどうしたの？」
「はぐれた」

(?)「さがさないと大変でしょ」
「いいの、いいの。そのうち見つかるよ」

　おばちゃんは私が一人で来たことを心配していましたが、私はあわてるようすがなく、こんなことを言っていました。

(?)「まあ、あなたのことだから、その気になってさがせばすぐに見つかると思うので、あたしが心配するまではないだろうけど」
「それよりもおじちゃんは？　なんで一人でいるの？」

(?)「あなたの言ったとおりだったわ。うちの人はここには来れないの。あたしがもっとしっかりしていればこんなことにはならなかったのだろうと思うのだけど…」
「そうなんだ」

(?)「でも、心配はしないで。今は別々でもいずれ会えるのよ。今はやり直しをさせてもらっているさいちゅうで、それが終われば一緒にいられるの…。あなたでしょ、やり直しを神様にたんのでくれたの。やり直しがなければあたしたちはいったいどうなっていたことやら…」

「オレじゃないよ。自分の努力のおかげだよ」

(?)「あたしがどんなに努力をしたとしても、神様に直接願いを聞いてもらえないことぐらいはあたしもわかるわ。ほんとうになんてお礼を言っていいものか…」
「う～ん」

(?)「…あっ、ごめんなさい。あなたはそういったのがきらいだったわネ。あたしもまだ反省がたりないみたい。反省しなくちゃ」

> 私は神様に知り合いはいないし、話の内容もいまいちわかりませんが、こんな話をしていました。

「ここで、ずっと待っているの？ さびしくないの？」
(?)「ここは知らない人たちばかりだけど、大勢いるし、うちの人の姿を見たいと思えばいつでも見れるからさびしくはないの。それにみんな声をかけてくれて、とてもしんせつな人たちばかりで…」

みんな、とてもいい人たちばかりのところで、みんなにしんせつにしてもらい、逆に気をつかうなどと言っていました。

> おばちゃんは、だれか知り合いの人に会えるかもしれないと思い、入り口の近くにずっといたとのことです。入り口のところにいれば、はじめて来てわからない人の役にも立つので都合もいいと言っていました。

「ここからおじちゃんの姿が見えるの？」
(?)「そこのところからうちの人のようすがわかるのよ」

カベのところにある透明な画面みたいなものに、別のところでやり直しをしているだんなのようすをうつして見ることができると言っていました。

> 何もかも透明な、テレビみたいなものがカベのところにいくつかありました。使い方はわかりませんが、それを操作することによって知りたいことがわかるみたいです。

(?)「なんども失敗ばかりで、なかなか先へ進めないの。一緒にいるのがわたしだってわかっているのに、自分にやきもちをやくので、あまり見ないようにしてる」

「ヘェ〜、ここから見えるんだ」

> おばちゃんがここにいておばちゃんのだんなが別のところにいるのだけど、そこにおばちゃんがいるという、なんともむずかしい話なのに、夢の中の私はそれをなっとくしていました。

(?)「あなたのもわかるのよ」

「え？ オレのも見えるの？」

(?)「わかるといってもみんなとは別になっていて、みんながわかるようにあそこのところにかざってあるのよ」

「えーっ、あんなところに？」

(?)「はじめてここに来てあれを見たときはびっくりしたわ」

天井近くのカベのところに、ひろげた巻き物をかざるかのように私のりれきがかざってありました。全部の建物にかざってあるとの話で、みんなが見れるところに自分のりれきがかざってあるということは少しはずかしいものでした。

「なるほど。これが原因か。時間の流れがちがうから…」

意味がわかりませんが、こんなことを言っていたのをおぼえています。

> 私の記憶では、かざってあるりれきの中に光っているところがいくつかあって、その一つの、未来がわかる通りすがりのおばちゃんと話をしているところを見ていました。

> 夢の世界からたくさんの人々が見ているので、りれきの中の私にはものすごいたくさんの光があつまっているように見えるとかなんとか、話をしていました。

(?)「こっちにもこんなものがかざってあるのよ」
「えーっ、こんなものが?」
　そこには、なぜか私の大切なものがかざってあるようでした。何がかざってあったのかはおぼえていませんが、透明な円柱のケースみたいなものの中に入っていました。

(?)「ほら、ここにも名前がきざまれている…あなたがとても大きな使命を持った役目なんて思いもせずに失礼なことを言って、なんておわびをすればいいのか…」
「また始まった。そんなの気にしなくていいって」
　有名な人たちの名前と一緒に私の名前がありましたが、夢の中の私は、おどろくようすもなく、平然としていました。

(?)「同じ時代にいたというだけでもびっくりするようなことなのに、まさか目の前にいて、こうやって話をしているなんて…」
「役目なんて小さいのも大きいのもみんな同じだよ。何もみんなと変わんないよ」

(?)「いまだに信じられなくて、ついつい昔のあなたを思いだしてしまうねぇ」
「別に気にすることじゃないよ」

> 役目とか大きな使命とか、そういった話をしていました。このほかにもっとだいじなことを聞いたのですが、それは思いだせませんでした。

「ところで、さっきから持っているの、それ、なに？」
「紅茶だけど、あなたも飲んでみる？」

「えーっ、飲み物が飲めるの？」
「何がいい？　なんでもあるから好きなものを言ってみて」

「でもオレ、お金も何も持ってないから」
「ここは何もいらないのよ。私もよく知らないのだけど…」
　すぐ近くにカウンターみたいなものがあり、そこに行くとほしい飲み物が出てくるとのことでした。カウンターの中には人の姿が見えなくて、だれが用意するのかわからないと言っていました。

「ここよりもとてもいいところがあるの。表なんだけど、そこの方がいいから、そこへ行きましょう」
　建物の外へ案内されました。外へ出るとすぐに芝生でできた緑のじゅうたんがあり、テーブルとイスが置いてありました。

「うわっ、すごい、緑のじゅうたんだ。上から見て全然気がつかなかった」
「どう？　すてきでしょ。飲み物は私が運んでくるからね。何にする？」
「んじゃ〜、アイス・カフェ・オレ」

> 飲み物を持ってきてもらう間に、私はあっちこっちキョロキョロしたり、イスやテーブルを見ていました。

「ずいぶんキレイなテーブルだ」
　上から見たり下へもぐりこんでみたりしました。どこから見てもカゲがなく、まぶしいくらいピカピカのテーブルでした。

🍙「イスにすわって壊れたらどうしよう？」

　イスもまたピッカピカで、あまりにもきれいなのですわるのが申しわけないと思うほどでした。

🍙「う～ん、今、気がついたけど、太陽がない」

　イスにちょこんとすわりながらまわりの景色を見ていると、おばちゃんが飲み物を運んできてくれました。

(?)「お待ちどおさま。はい、あなたのはこれね」
🍙「おっ？　氷だ、ストローもついてる」

　おぼんみたいなものに白いカップのものと、透明なガラスコップのものを持ってきてくれました。ガラスコップのものには氷が入り、ストローがついていました。

(?)「私はコーヒー」

　手に持っていた白いカップには受け皿もありました。

🍙「…飲めるの？」
(?)「心配しなくても、ちゃんと飲めるから」

　私はアイス・カフェ・オレを目の前にしながら、口をつけずに見ていました。

🍙「体に色がついたりしない？」
(?)「何度も飲んでいるから心配ないと思うけど…じゃあ、あたしが飲むからよく見てて」

> 　あっちこっちで体の中にかげのある人たちを見てきたので、それが原因で飲めませんでした。また、何か飲むというのはこのときがはじめてでした。

第3章 役目

「ほんとうだ、オレも飲んでみる…。とってもおいしい」
　おばちゃんが目の前でコーヒーを飲んでみせてくれたのでだいじょうぶと思い、私も飲みました。

「どう？　色がついてない？」
「だから、だいじょうぶだって」
　半透明なので、飲んだら体の中に入っていくのが見えるかもしれないとか、そんな話をしていました。

> このあとイスやテーブルの話になって、かげがないという話になり、太陽があるというのがあたり前だと思っていたのに、この世界には太陽がないのでとっても不思議だとか話をしていました。

「ところで、芝生のずっと先には何があるの？」
「わたしも気にはなっていたのだけど、あまり遠くには行かないようにしているので、どうなっているのかわからないのよ。気になるなら行って見てきたら？」
　おばちゃんはほとんど外には出なくて、ここに来てからは建物の中にいたので、外のことはわからないと言っていました。この場所もめったには来ないとも言っていました。

「じゃあ、ちょっとようすを見てくる」
「なにかおもしろいものがあったら教えて」
　さっそく私は芝生の上をあっちこっちと移動して、何があるのかと見てまわることにしました。

「同じ建物ばかりで、これといって何もないなぁ」
　まわりは同じような建物がキレイに並んで建っているだけで、これといってめずらしいものはありませんでした。ずーっと行くと行

きどまりのようです。

「ん？　こんなところにとびらがある」

植物でできた高いヘイがずーっとあり、道をふさいでいて、行きどまりのようになっていたのですが、よく見てみると赤いとびらがありました。少し奥にあったので遠くからではわかりにくいところでした。

「何があるのだろう？」

さっそくとびらの先へ行きました。すると、今までいた緑のじゅうたんとはちがう風景が目につきました。

「なんだか変な感じがする」

同じ建物があるものの、まわりは緑のじゅうたんがなく、荒れた大地のようで、なぜかとてもさびしい感じがしました。

「中に入ってみよう」

近くにあった建物に入ってみることにしました。建物の中に入ると室内はうす暗く、テーブルの上に乗ってさわいでいる人や、どなったりしている人たちがいました。

「なんだ？　あっちとは全然雰囲気がちがう」

テーブルはあるけどそこにイスはなく、イスはどこかとさがすと、カベのところに並んでいました。

> テーブルとイスが別々になっていて、イスだけがカベのところにきれいに並んでいました。イスのところに行ってイスにすわろうとしたら、イスが一つ一つ、あいだをあけてカベにくっついていました。

第3章 役目

「このイスはなにか変だなぁ」
　横長イスとはちがい、一人用のイスがカベについていると、見た目は妙な感じでした。ちょうどあいているイスがあったので、とりあえずすわったのですが…。

「なんで私が…」
　私の左側にすわっていた人が頭を手でかかえてこんなことをつぶやいていました。

> 　頭や顔を手でかかえている人や、こきざみにふるえている人、下を向いて何か言っている人などが目につきました。おばちゃんがいた建物とは全然ちがうようすでした。

「この人たちは、ここでいったい何を待っているのだろう？」
　あたりを見まわしてみてもほとんど目につくものはなく、どなったり、さけんだりしている人たちだけが目につきました。

「やっぱり戻ろう」
　ここは私がいつまでもいるところではないと思い、すぐに建物から出てきました。

「あれ？　気がつかなかった」
　建物から出て、植物でできているカベのところに行くと、植物はバラの茎があつまってできていると知りました。

> 　手首ぐらいの太さの、バラの茎があつまったものでカベができていました。花は咲いてなくて、茎だけが目立つのだけど、トゲがものすごいことになっていて、そばに寄れるものではありませんでした。

🐾「こんなの、刺さったら大変だ」

カベをよじのぼろうとはさすがに思いませんでした。

あまりカベに近づかないようにしながら、赤いとびらのところに行ったのですが、そこでもまたびっくりしました。

🐾「あれ？ 来るときはいなかったのに、ヨロイのヘイタイがいる」

明るい方から来るのはかんたんだけど、明るい方へ戻るにはむずかしいみたいでした。

🐾「あの〜、知らないで来てしまったのだけど、戻ってもいいですか？」

ヨロイのヘイタイに声をかけても何も言いませんでした。

静かにとびらの前に行くと、とびらがひらいたので急いでとびらの向こう側へと行きました。

> とびらがあるからと、あけて通れば、帰ってはこれなくなることもあるかもしれないと、この時思いました。ヨロイのヘイタイがいたのが気がつかなくてびっくりです。

🐾「ん？ どうしたんだろ。みんなのようすがおかしい」

緑のじゅうたんの、明るい方へ戻ってきて建物の近くに来たとき、何人か建物の外へ出てさわいでいるように見えました。暗い方へいく前は外へ出ている人がいなかったのに、暗い方から戻ってきたら状況がかわっていたのです。

🐾「おばちゃんのところへ行って聞いてみよう。たしかこのあたりだと思ったのだけど…」

いったい何があったのか聞いてみようと、おばちゃんがいるところをさがしたのですが、どこがどこなのかわからなくなってしまい

ました。

> 同じ建物がいっぱいあるのでどこにいるのかさっぱりわからなくなって、さがすのが大変でした。

「なんで見つからないの？…あっ、いた！」
「ずいぶん遠くまで行ってきたみたいだね。何かおもしろいものは見つかった？」

必死になってさがしているとおばちゃんを見つけました。おばちゃんは、私が戻ってくるのを外でずっと待っていてくれたようすでした。

「ずっと先は行きどまりになっていて、向こうに行けるとびらがあり、向こうはとてもひどく…」
「そうなの？　よく帰ってこれたね」

私が見てきたことをかんたんに説明して、向こうには行かない方がいいと伝えました。

「ところで、みんなあわただしいようだけど、どうしたの？」
「あっ、あれは、あなたの好きなものが来ているのよ」

「好きなもの？」
「行ってみたら？　きっと驚くわよ」

おばちゃんは何が来ているとは言いませんが、私の好きなものが来ているのでみんながよろこんでいると言っていました。私は何が来ているのかさっぱりわからないので、行って確かめたいと思い、さっそく行ってみることにしました。

「一緒に行く？」
「私は遠慮しておく。気にしないで行っていいよ」

おばちゃんを誘ったのですが、おばちゃんは行かないと言いました。ここで別れをつげて、私は一人でみんながあつまっている方面へ急いで向かいました。

「いったい、何が…船だ、船が来ている」
　そこには木でできた大きな船が来ていました。緑が続く大地の先が空になっていて、空に船が浮かんでいたのです。

「どこに行くのだろう？　とにかく乗ってみよう」
　船に乗れるように板がかけてあり、そこにヨロイのヘイタイがいましたが、私はとまどいながらもだまって船に乗りこみました。

「どうしたの？」
　船に乗ってまわりをキョロキョロしていると、船に乗らずにこっちを見ている若い女の人の姿が見えたので声をかけてみました。

「乗りたいのだけど、キップがないの」
「キップ？　そんなの必要ないよ。乗りたいなら乗ってごらん」

「でも…」
　若い女の人はヨロイのヘイタイがこわいようで、船に乗るようすがありませんでした。

「手を出してごらん」
「……」
　私はいちど船からおりて、若い女の人の手をにぎりながらもういちど一緒に船に乗りました。

「ほらネ、だいじょうぶだったでしょ」
「ありがとう」

気がつくと、まわりにはいつの間にかたくさんの人たちが船に乗り込んでいました。

「う〜ん、乗ったのはいいけど、この船はいったいどこに行くのだろう？」

　船の先端に立ちながら、この船がどこに行くのか考えていましたが、そのあとのことはおぼえてはいません。

　このあと夢はとぎれてしまい、どうなったのかはわかりません。

しるしは何色に？
お役目たちのあつまり

　そこで私は住む家を与えてもらい、妻と二人でふつうの生活を楽しんでいました。たがいに見つめあったり、ちょっとしたことをきっかけに口ゲンカをしたり、時には妻のおなかが急にふくらむこともありました。

「ヒーローってかっこいいなぁ。変身した姿がじつにいい。でも、あのかっこうで歩いていたら頭がおかしいと思われる」
　考え事が大好きで、自分の部屋で考え事をする時は、こんなことを考えたりしています。そのときはいつものように自分の部屋で考え事をしていて、考え事に夢中になり、気がつけば台所に来ていたのですが、そこには妻がいて、おなかがふくらんでいました。

「ふう、ふう、おなかが重くて大変だ」
「…なんともなかったのに急にどうしたの？」

「あたしのことだいじにしてくれないからこうなったの※」
「ん？　それは大変だ。だいじにしなくてはいけない」
　妻の話によると、相手にしてくれないのが気にいらないらしく、妊婦になってだいじにしてもらうとのことでした。

「この荷物、イスの上にのぼって、上の棚にしまわないと」
「あーっ、あぶない。わかった。わかったからやめてくれ」
　妻はわざとイスの上に立ったり、重いものを持ってふらふらになったりして、私を心配させました。

第3章　役目

🐛「もう、動けない…。でも、あれをかたづけないと…」
🐛「あーっ、だめだめ、寝てなくちゃ。オレがやるから寝ていて」
　妻はおなかをふくらませながら真剣にやるので、そんな妻を見ているうちに、私も真剣になって看病したりします。

🐛「生まれる…ほら、生まれたよ」
🐛「よかった、よかった。きげんもなおってよかった」
　半透明のシャボン玉みたいなものが部屋中にたくさんあらわれて、二人でよろこんだりしていました。

> 　ここでは一時的に子どもになったり、年寄りになったり、女性は妊婦になったりと、自由に姿をかえることができます。

ある時こんなことがありました。

🐛「ねえ、これ見て。引っ越しのあいさつをしにあそこのおうちに行ったら、おばあちゃんが一人で住んでいて、お手玉を教えてもらったの。いろいろなことを知っていて、とってもやさしいおばあちゃんなの…」
　私の部屋は2階にあるので、2階から私がおりてくると妻がお手玉をしていました。近所におばあちゃんが一人で住んでいて、妻がうちに遊びに来てと言ったら、だんなにめいわくがかかると断わられたので、私が行ってうちに遊びに来るようにたのんでこいとのことでした。

🐛「お手玉もらってきて…まったく」
　妻がよろこんでお手玉をしていたので、お礼を言いに、そのおばあちゃんの家に行きました。

🐤「あいさつがおくれてすみません。妻がいろいろと…」

　話をするととてもいいおばあちゃんで、いろいろな役立つことを教えてもらいました。うちに遊びに来てと言ったら、二人でいるのにめいわくになると断わられ、かわりにおばあちゃんのところへ遊びに来いと言われました。

🐤「どうだったの？　おばあちゃん、何か言ってた？」
🐤「うちに遊びに来いって言ってた…。一人で住んでいてさびしくないのか聞いたら、ずっと一人だったので、慣れているからさびしくないので心配はしなくていいって言っていたよ。おみやげに折り紙をおってくれて、とってもやさしいおばあちゃんだった」

🐤「そうでしょう。とってもいいおばあちゃんでしょう。ずっと一人でいるなんて、さびしいでしょうネ。なんとかなんないかな？」
🐤「たくましいおばあちゃんだから、だいじょうぶだよ」

🐤「なんとかなんないかな〜」
🐤「う〜ん、なんとかなんないかな？」
　ここで一人でいるということは、とてもさびしいとはわかっていても、私みたいな者にどうにかできることではないので、ただ悩むだけでした。

　その後、すぐにこんなことがありました。

🐤「そもそも、ここは人が少ないんだよなぁ…」
　まわりに家はたくさんあるけど、住んでいるのはおばあちゃん一人で、ほかはみんな空き家になっていました。このことをいつものように自分の部屋で考えていると、妻が散歩に行ってきてと言いま

第3章 役目

した。

🐦「部屋でゴロゴロしてないで、たまには犬を散歩に連れていってあげなさいよ。いつも家にいてかわいそうでしょ」

👤「忘れてた、散歩に行ってくる」

🐦「よかったね、散歩に行けて」
🐕「お出かけ、お出かけ」

👤「忙しくてごめんネ…一緒にいて楽しいかい?」
🐕「私はあるじと一緒にいられるというだけでとってもうれしいので、気にしないでください」

　自分のことでせいいっぱいな私は、犬のことをついつい忘れてしまいます。それでも犬は一緒にいられるだけでうれしいといいます。私の犬はとってもあるじおもいです。

> 　ここでは犬もふつうに話をします。話といってもテレパシーみたいなものでの会話です。

👤「ん? 役員はあつまるようにって、立て札が出てる」

　犬と散歩の途中、公園に寄ったら、入り口のところに立て札が立っていて、役員の緊急集会があるとのことでした。

👤「いったい何の話だろう?」

　犬と散歩をしながら自宅へ帰ると、妻が待っていたかのようにとび出してきました。

🐦「みんな集会所にあつまっているようだけど、あなたは行かなくていいの? なにかの係になっているのでしょ?」
👤「さっき公園の立て札で知ったけど…みんなあつまっているな

115

ら急いで行かないと」

🐑「集会所に行ったとき、おばあちゃんのことを言ってみて」
🐑「わかった、いちおう言ってみる」

　妻はおばあちゃんのことを、集会所に役員があつまった時に相談しろと言いました。私はおくれたらみんなにめいわくがかかると思い、あわてて集会所に向かいました。

> 🐑
> 　　集会所は小さな平屋の家みたいなもので、いなかの公民館みたいな建物です。正面入り口のとびらはあけたままになっていて、入ってすぐ広間があり、中には何人かあつまっていたのが外からでも見えました。

🐑「あの〜、おくれてすいません」
🐑「そこに名簿があるから名前を記入して、あいているところにすわってちょうだい」

🐑「えーっと…明王？　すごい名前だなぁ」

　私の前に来た人は不動という人でした。みんなものすごくむずかしい名前で、私は2文字の名前を書きました。

🐑「あなたはここへ来たばかりなのでいろいろとわからないだろうから、まずは話を聞いてちょうだい」
🐑「はい」

　広間に入るとざぶとんがいくつか置いてあり、私はあいているところにすわりました。

> 🐑
> 　　みんな年配の方や年上ばかりで、若いのは私だけのようでした。若いといっても、鏡を見てないので自分の姿はわからないのですけど。

「おくれて申しわけありません」
少ししてから私のあとに来たのはおじさんでした。

「まったく、おくれて来て」
「あんたはひとのこと言えないでしょ。自分だっておくれて来たのに」
おくれて来たおじさんの文句をボソッて言ったら、お姉さんに聞こえてしまいました。

「あんたも人のこと言えないでしょ」
「……」
「……」
どうやらお姉さんもおくれて来たみたいでした。

「妻のかわりに私が子どもたちのめんどうを見なくてはいけないので…」
よく見ると、小さい女の子を二人つれていました。

「あんたのところはたいへんだからね。だいじなことはあとで伝えるから帰ってもいいわよ」

> このあともスーツを着たおじさんがおくれて来ましたが、どうしてもつごうが悪いと言って断わって帰っていきました。いる人たちだけで話し合いになったのですが、話し合いの内容は、この部落にたくさんの人々を入れるか入れないかの話でした。

「どうすべきものか…」
正面中央で綿入れ半纏(はんてん)の消防団の服を着た、白く長いひげをはや

したじいさんが腕をくんで悩んでいました。

😀「どうしましょうねェ…」
　じいさんの左側に数珠みたいなネックレスをぶらさげた、濃い化粧のおばちゃんがいて、やっぱり悩んでいました。

😀「う〜ん、どうしようかな？」
　みんな悩んでいました。私だけは考え事をしていたので、話の内容がわからず、聞こうか聞かないかと別な意味で悩んでいました。

> 　じいさんが会長で、おばちゃんが副会長みたいな感じで、話し合いが進んでいきました。室内にあるオルガンらしいもののところでイスにすわっているお姉さんや、ざぶとんにきちんと正座しているメガネをかけたおばちゃんなどなどが、みんな真剣に悩んでいました。

😀「状況はひじょうによくない」
😀「何かいい方法はないかしら…」
😀「う〜ん」
　話に耳をかたむけても、私にはわかりませんでした。

😀「やはりあれを使うしかないのか」
　じいさんが立ちあがり、広間の右の奥へ行き、鉄のオノを持ってきました。正面の暖炉のところへ行き、暖炉をふさいであった板を壊しました。

> 　正面のずっと奥、じいさんのすわっていたうしろの方に暖炉があったのだけど、板がはりつけてあって使えないようになっていましたが、じいさんがこれしか方法はないと言って、暖炉にはりつけてあった板をオノで壊してとって

> しまいました。

🍄「最後の手段じゃ」
🐑「とうとう、そのときが来たのネェ」
　暖炉の中には四角い木の箱が入っていて、じいさんがその箱を持ってきて、広間の中央に置きました。

👻「これは帽子？　なんで帽子があんなところに？」
　木の箱の中に入っていたのは変な形の黒い帽子でした。私は意味がわからず、悩むいっぽうでした。

🍄「さて次は、だれが行くとするか決めねばならん」
　じいさんが腕をくみながら、だれが行くのか決めなければならないと言うと、しばらくみんなだまっていました。

🐑「私が行きたいけど、私が行くと…」
　ネックレスのおばちゃんが最初に言いました。おばちゃんの話によると、やらなくてはいけない役目があるので、ここを離れるわけにはいかないとのことでした。

> ネックレスのおばちゃんが断わると、次々にみんなも同じように断わりはじめました。みんなとても忙しく、ここを離れるわけにはいかないとのことでした。

🍄「やはりワシが行こう」
　みんなが次々と断わっていると、じいさんが行くと言いました。

👻「ご老体はムリをなさらず、ここは私がまいりましょう」
　ほかにやることもなかったので、私が行くと言いました。

「あらっ、その人はこう見えても、その世界ではとっても威厳があるのよ…。でも、あなたが行ってくれるならたすかるわ」

「そうよネェ、あなたがもっとも最適ですものネェ」

「…はい」

私が行くと言ったとたん、私に決まってしまいました。

> けっきょく話の内容は、この部落に人を入れるとしても、ここのルールを乱さないためにも、条件を満たした人でなければ、入れることはできないとのことです。だけど、ここはなかなかたどりつけないところなので、部落の代表が一人、直接修行の場におりて選ばれた人たちをそこへ導くとのことで話が決まりました。すぐに受け入れの準備をするということも言っていました。

「そうと決まれば、さっそく目じるしを決めないとネ。何色にしましょう」

夢の世界の代表とわかるために目じるしをつけるということになり、そのしるしの色について話し合いが始まりました。

「色？　色なら紫なんてどうかな？」

「その色は使われているでしょ」

「じゃあ、ピンクなんてどう？」

「その色も使われている」

「それにその色は×××様でしょ」

「×××って、ほんとうにいるの？」

「あたり前でしょ、とっても偉大なお方よ」

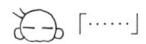

「……」

すすんで答えたのはいいけど、しるしの色とは何のことなのかわからないので、まったく話にはなりませんでした。

「土…土の色なんてどうかしら？　それと茶色なんてのも」
「あらっ、いいわネ。それならたしかに使われてないわ」

「仏は土に還(かえ)るって意味もふくめて」
「とてもいいわ、土色に決まりね。もう一つは茶色にしましょう」

「えーっ、土色？　どっちかと言うと、玉虫(たまむし)とか…」

私のうしろの方にいたメガネのおばちゃんがいきなりしゃべったかと思ったら、土色と言ったので、またたくまにしるしは土色に決まりました。私の意見はぜんぶ却下されました。

「いい？　よく聞いてネ。まずは私たちにまつわる者に茶色のしるしをつけておくので、さがしだしてここに導いてちょうだい」
「え？　茶色のしるしがついている人たちをさがしだす？」

「やり方や方法などはあなたにまかせるわ。あなたのやりたいようにやってちょうだい」
「でも、どうやってさがせばいいの？」

「そこで修行している方々に手伝ってもらいなさい」
「えーっ、手伝ってもらえって、だれも手伝ってくれるわけないよ」

　ネックレスのおばちゃんはとんでもないことをあっさり

> 言うのでびっくりしてしまいます。みんな忙しいのに、手伝ってくれるわけがありません。

「それなら心配しなくてもいいわ。みんなあんたを見ればわかるようにしておくから、ちゃんと手伝ってくれるわよ」

> 夢の世界からの大命ということなので、特別にしるしがつくことになりました。役目に支障がないように、選ばれた人たちにしかわからないようになっていて、その人たちが私を見ればすぐにわかるとのことでした。

「それと、あなたにもみんなと同じ茶の色をつけておくから、それでこのことを思いだしてネ」

「はい…茶色でこのことを思いだす」

「そうと決まれば、さっそく×××様にこのことをお伝えしにいかなければ…」

「え？　×××様って、ほんとうに…いたのか」

ポシェットをぶらさげたお姉さんが修行の場にだれが行くのか伝えてくると、あわてて集会所から外へ出て行きました。

「あらっ、あの人もあわてんぼうだから…。まだ話の途中だというのに、しかたないわねぇ」

「あっ、変身した」

ポシェットをぶらさげているお姉さんが集会所の外へ出ると、お寺などにかざってあるような人形の姿になりました。足もとにたちまち雲があつまってきて、雲の上に乗りながらピューっと空を飛んでいきました。

第3章 役目

「ポシェットが…」
　お姉さんはあわてていたからなのか、変身したときにポシェットをぶらさげたままだったのを私は見ていました。

「ほんとうにあんたは何も知らないのねぇ。役目のときはいつもあの姿でしょうに…」
「ここに来て間もないのだから、しかたない」

「…はい」
　私はほかの場所からここに引っ越してきたばかりなので、あつまっている役員たちの役目や名前などわかりません。おじちゃんおばちゃんくらいの感覚です。

> 　私はこの部落に引っ越してきたばかりなので、あつまっていた人たちの顔を見たのははじめてでした。ここへ来る前はどこで何をしていたのかおぼえていません。ほかのところで犬をつれていたという、かすかな記憶があるだけです。

　このあと、集会所の奥の部屋に、ネックレスのおばちゃんに案内されてついていきました。するとそこは、りれきの置いてある青空の空間でした。

「こんなところにりれきの空間があったなんて」
　青空に浮かびながら、ネックレスのおばちゃんが器の説明をしてくれました。

「これからあんたが入る器は〝赤の象徴〟とも呼ばれていて、とても名誉ある器なの…」
「ヘェーっ、取り決めをする赤の象徴」

この夢の世界では、赤はいろいろなものに使われていて、とてもみんなに慕われています。

🐑「…でも、とても気むずかしいのが問題で、一度手綱(たづな)をゆるめると、それこそえらいことにもなりかねないので、十分注意してもらいたいの」
🐑「えーっ、だいじょうぶかな？」

🐑「だいじょうぶ。あんたとはとっても相性がいいから」
🐑「…でも、まさか直接おりるとは思ってもみなかった」

🐑「あら、最初からその話をしてたのに…」

> 　私はお使いに行くぐらいの感じで行くと言ったのに、気がつけば人間に入ることになっていたので少しいやな感じはしたのですが、赤の象徴の説明をされたときは、行くと言ってよかったと思いました。

　このあと集会所の広間に戻ってきました。戻ってきてすぐ…。

🐑「この帽子をおぬしにわたそう」
　じいさんが黒い帽子を私にくれると言いました。

🐑「えーっ」
　私としては形がかっこわるいのでいらなかったのですが、かぶれ、かぶれとまわりで言うのでしかたなくかぶりました。

🐑「あらっ、似合っているわね」
🐑「とっても似合ってる」

🐤「…そう?」
　帽子をかぶって少したつと、記憶はとぎれてしまったので、この続きはわかりません。

光る玉を選びなさい
そのとき私は丸い玉だった

　気がつけば、白い着物を着ている、白く長いひげをはやしたじい様と二人で、まっすぐな通路を進んでいました。
　まっすぐな通路の右側には、ところどころに赤いとびらがあって、一つずつ順序よく入ってきたような気がします。
　記憶があるのはこのとびらからです。

🌱「これからおぬしが行くところには、花や木などさまざまな植物があり、それぞれに聖霊が宿ると言われていて…」

　じい様が長い説明をしていましたが、私は知っているからと、話の途中でじい様の話を聞き流していました。

😊「うわ〜、たくさんある」

　赤いとびらをあけると青空の空間になっていて、花や木などが一つずつキレイに並んでいました。

🌱「なかには神木と呼ばれているものもあり…。修行のために中に入ると言われておる…」

😊「入っているときにわからないで切ったら大変だ」

　じい様の話をほとんど聞き流していても、じい様は怒るようすはなく、ひととおり話が終わったのでそこを出ました。

> 　じい様が案内で、私が見学みたいな感じです。こういったものがあるから、いちおう見ておけというようなものなので、一つ一つ見るひまはありません。

いちど通路に出て次のとびらに向かい、とびらをあけると、そこも青空の空間になっていました。

😯「うわっ、なんだこれは？」
　とびらをあけてすぐに見えたのは虫でした。たくさんの虫が一つずつきれいに並んでいたのです。奥の方へ行くと、ヘビや魚そして動物などがあり、ずっと奥には人間もいました。

🧓「これ、ちゃんと話を聞きなさい」
　じい様が、これから行くところは自然界がどうとか、あらゆる生き物がどうとか、説明しながら先へ進んでいたとき、私は入り口のところでまだ虫を見ていたので、じい様がちゃんと話を聞きなさいと、奥の方で言っていました。

🧓「おぬしのためにさまざまな生きものを用意してあるが、必要以上の殺生(せっしょう)はしてはいかんぞ」
😊「必要以上の殺生はしてはいけない」

🧓「もうよいじゃろう、次へまいろう」
😐「…ちんちん」
　ほとんど見ないうちに次へ行くことになってしまいました。私はいちおう、端(はじ)まで急いで行って、通りすがりに見て戻ってきました。
　また通路に戻ってきて、じい様が先に進みました。

😐「ん？　じいちゃん、このとびらには入らないの？」
　通路を進んで行くと、右側に赤いとびらがあったのでそこに入るのかと思ったのですが、じい様はその赤いとびらの前を通りすぎていきました。私はじい様の少しうしろを進んでいたので、じい様が通りすぎたあと、赤いとびらを目の前にして、なぜここには入らないのかと聞いてみました。

「そこはおぬしには関係のないところじゃ。おぼえる必要はない…悪いことをすれば必要となる」

「……」

じい様は私にそう言うと、ふり返って先へ進んでいきました。私はなんとなくいやな感じがしたので、とびらの前からあわてて離れて、じい様のあとをついていきました。

「いちおう言っておくが、ワシはおぬしのじいちゃんではないぞ」

「うん、わかった。じいちゃん」

通路を進んでいるとき、じい様が身内や先祖のじいちゃんではないからと説明していました。

> じい様は名前を言わないし、私も名前はどうでもいいという考えなので、じい様がだれなのかわかっていないのです。

そのあと、どこかに寄ったのか、そのまま来たのかおぼえていませんが、気がつけば、通路を右や左へまがったのをおぼえています。じい様が進むそのあとをずっとついていきました。

> 通路の形が変わり、上と下の部分があいていたので、そこから通路の外の景色が見えました。小さな池や小さな橋があったのをおぼえています。また、ほかの通路が見えたので、通路の上はかわら屋根だったのを知りました。

じい様のあとをついていくと、色のついてないとびらをあけて奥へ入ったのですが、そこはうっすらと霧がかかった場所でした。

第3章 役目

「おっ？　ネコがいる」

　ガラスのように透明な台の上に体が大きい黒いネコが休んでいるのを見つけたので、さっそくネコがいる方へと向かいました。

「来るな、向こうへ行け」
「ネコ、ネコ、ネコ」

　ネコのそばに近づいていくと、ネコはゆっくりと立ちあがり動きだしたので、私もネコが移動する方へついていきました。なぜか近くに橋があったので、橋の欄干をすべったりして遊びながら、ネコのあとをついてまわったのですが、ネコは休みたいらしく、いやがっていました。

「ぬし様、私のあとをついてきて離れないのですが」

　ネコはゆっくり歩くので、ネコのしっぽを見ながらあとを追いかけていると、じい様のことをぬし様とネコが呼びました。

「ぬし様？　じいちゃんはぬし様…　♪ぬし様、ぬし様♪　♪じいちゃん、ぬし様♪」

　悪気(わるぎ)はないのですが、リズムにのってぬし様の歌をうたいながらネコのあとをついてまわったら…。

「ガルルル、引き裂いてやろうか？」

　ネコが急に立ちどまり、ふり向いたと思ったら、口をあけて怒りました。

「あぶない、かまれる」

　ネコがふり返ったとき気がついたのですが、黒いネコではなく黒いヒョウでした。

「これ、だいじなたましいがおびえてしまう。おどかすでない」

ヒョウにかまれたら大変だと思っていたら、ぬし様がヒョウを注意しました。私はぬし様のいる場所がわからなくて、あたりをキョロキョロしていると、ぬし様が私に話しかけてきました。

> とびらをあけて部屋に入ってすぐ、ヒョウをネコと思いながら追いかけていたので、ぬし様のことを忘れていました。

「おどかしてしまったおわびに、いいものをお見せいたそう」
「いいもの？」
　ぬし様の声が聞こえる方をさがすと、ぬし様は少し離れている低いところにいました。ぬし様の前にはたくさんの光る丸い玉が置いてあり、とてもキレイでした。

「うわーっ、キレイな玉がたくさんある」
　私はすぐにぬし様のところではなく、光る丸い玉のところへ行きました。

「なんだこれ？　何かうつってる」
　光る丸い玉をのぞくと、中に絵らしいものが見えました。

> 光る丸い玉は黄色に近いオレンジみたいな色で光っていて、中に絵が入っているようでした。中の絵をずっと見ていると、その絵を説明するかのようにほかの絵をうつしだしました。

「みごとに純粋で、けがれなき無邪気な者よ、最後の仕上げに光る玉を選びなさい」
　私が丸い玉を見るのに夢中になっていると、ぬし様がこんなことを言いました。丸い玉はみんな同じ大きさで、とくべつ何かが光っ

ているということはなく、中に書かれている絵がちがうというだけでした。

「もらっていいの？」
「もちろんじゃ。好きなものを選びなさい」

「じゃー、全部ちょうだい」
「全部？　全部とは…それでは役目を果たすのが大変じゃ」
　丸い玉はかなりの数があったので、どれを選ぶということができない私は全部と言ったら、ぬし様は驚いていました。

「大変？…やっぱり全部いらない」
「これこれ、ワシを困らすではない。いずれは必要となるものじゃ。何かしらは選びなさい」
　見た目はキレイな丸い玉なので興味はあったのだけど、もらえば大変なことになると知った私は、もらわなければ大変なことにならないと思ったので、すなおに全部いらないと言いました。突然興味をなくした私を説得するかのように、ぬし様は丸い玉の大切さを教えてくれました。

> 光る丸い玉は興味を生みだすもとになるもので、何を選ぶかによって、それぞれの結果が出てくるとのことでした。いろいろと役に立つので必要だと言っていました。

「じゃぁ、これは何？」
「それはものを作るのに必要となるものじゃ」
　近くにあった丸い玉が何であるのか聞きました。その中にはのこぎりとかなづちの絵がうつっていました。

「これは何？」

🍄「それは乗り物など…」

また、近くにあった丸い玉が何であるのか聞きました。その中には車の絵がうつっていましたが、ずっと見ているとオートバイにかわりました。

😐「これは？　これは？　これは？」
🍄「それは修理など…それは機械など…それは…」

ぬし様の説明はほとんど最初しか聞かずに、次から次へと目につくものを聞きました。もちろんぬし様は怒ることなくちゃんと説明していました。

> 　光る丸い玉の大きさはソフトボールぐらいです。数はかなりあるのでいくつあるのかわかりませんが、一つ一つがそれぞれちがう絵をうつしだしていて、車や機械、コンピューター、本、数珠、聴診器、船など、ほかにもたくさんありました。
> 　たしかぬし様の説明では、車だけだと車に興味が出て、運転や修理などを同時に選ぶことで、さまざまな結果を生むことになると言っていたような気がします。

😯「それは何？」

次々と丸い玉をのぞいて見ているうちに、たくさんある丸い玉の中心あたりに二つ、宙に浮いているものがありました。

さっそくとってみてみると、星みたいなマークが入っているようでした。

🍄「人気を集めるのに役立つものじゃ。努力しだいでそれなりの
　　結果をもたらす」
😐「努力？…じゃあ、こっちは？」

第3章　役目

「人をまとめ、率（ひき）いるのに役立つものじゃ。努力しだいでは、さまざまな頂点を得ることとなる」

「これもまた努力か…」

　説明を聞くと、両方とも努力という言葉が出てきました。努力という言葉を聞いたとき大変な感じがしたので、そんな丸い玉を選んでしまえば自分がこまると思い、すぐに戻しました。

「ん？　なんだこれ」

　ほかに目につくものはないかとあたりを見まわしていると、まったく気がつかなかったのですが、私のすぐ左わきに青い光を放つ丸い玉がありました。

「なんでこれだけ青色なんだろう？」

　青く光る丸い玉を持ち上げてのぞくと、白いけむりみたいなものがうつったり、白い模様がうつったりしていました。

> たくさんあった光る丸い玉は、黄色に近いオレンジ色みたいな光を放っていたのですが、その中にたった一つだけ、青色の光を放つ丸い玉がまざっていました。気がつかなかっただけなのかもしれませんが、いつの間にか私のわきにあり、どこからか突然あらわれたような感じでした。

「それは不思議な力じゃ」

「不思議な力？」

　青色の丸い玉をのぞいていると、ぬし様が説明をしてくれました。

「優秀な者がその玉を選べばそれなりに、しかしそうでない者がその玉を選べば…」

「こわいからいらない」

　なぜかぬし様の説明がこわかった。また、とてもいやな感じがし

たので、持ち上げて見ていた青い光を放つ丸い玉を、あわててもとの場所に戻しました。

「そろそろ戻る時間じゃ、早く選びなさい」
「もう時間がないの？　じゃあ、これとこれでいい」

ぬし様が時間がないと言いました。あっちこっちキョロキョロと見ていた私は、結局選ぶことができず、手前にあった何かを二つとりました。

「ん？　じいちゃんがボヤけてきた」
「時が来たのじゃ」

ぬし様の姿が少しずつうすれていくのを不思議に思っていると、そのことに気がついたのか、ぬし様が時が来たことを教えてくれました。

> 私がうしろ向きで進むような感じで、ぬし様の姿が少しずつ離れていきました。徐々に、その感じが変わっていき、うしろ向きで頭から海の中を下へ下へと沈んでいくような感じになりました。あたりは暗くなり、遠くに光が見えてそこから落ちてきているのはわかりました。

「じいちゃん、おみやげありがとう…あれ？　光る丸い玉がない、落としちゃったのかな？」

遠くの光のところにぬし様の姿がかすかに見えました。

ぬし様にお礼を言いながら、抱きかかえている光る丸い玉を見たとき、光る丸い玉がないことに気がつきました。たしかに持っていたはずなのに、なくなっていたのです。

「あ〜あっ、なくしちゃった…ん？　なんだ、これ」

持っていたはずの光る丸い玉がなぜないのか、自分の右や左を見

ていたとき、体からモコモコと変なものが生えてきました。

「うわーっ、なんだこれ？」
体からモコモコと生えていくものはどんどん大きくなり、それがしだいに手や足だと気がつきました。

> 光る丸い玉があった場所でぬし様と話をしているときに、自分の手と足があったと思っていたのですが、考えてみれば一度も自分の手と足を見た記憶はありませんでした。少し暗いところをさかさまに落ちているとき、体からモコモコと小さい手と足が出てきたときはさすがに驚きました。

「ん？　光る丸い玉があんなところにある」
足がどんどん大きくなるのを見ていたとき、その方向はまだ明るくなっていて、ぬし様がいる所だとわかったのですが、よく見てみると、途中に光る丸い玉が見えました。

「なんとか拾わないと」
落としたと思っていた光る丸い玉があったとわかり、さらに少しずつ私に近づいてきているようすだとわかると、なんとか拾わなければいけないと思いました。

> この時すでに、ぬし様が説明してくれた光る丸い玉の意味をすっかり忘れていて、光る丸い玉を記念に持って帰ろうという考えしかありませんでした。つまり、私には光る丸い玉はおみやげにしかすぎなかったのです。

「おーい、こっちに来い」
もしかしたら、拾えると思ったとき、私は必死になって、光る丸い玉がこっちに来るように呼びかけました。

🐣❓「あと少し…あれ？」

　光る丸い玉はどんどん私に追いついてきました。あと少しでつかめると思い、よく見てみると、その光る丸い玉は私が落とした物とは別なものであると気がつきました。

🐣「ギャー、来るな、あっちへ行け」

　光る丸い玉は私に追いついたというより、私を追いかけてきたと気がついたときはすでに遅すぎました。
　私を追いかけてきたのは、宙に浮いていた二つのものと、青色の丸い玉でした。逃げるか足でけとばそうかと思ったのですが、なぜか体は動いてはくれず、光る丸い玉は私に近づき、体の中に次々と入っていきました。

（？）「まっ…触れただけでも意味はある」

　すでにぬし様の姿は見えなくなっていたのですが、こんなことを言ったような声だけは聞こえました。

🐣「……」

　私は何がなんだかわからずに、ただ黙っていました。

> 　光る丸い玉がまさか体の中に入るとは思ってもいないし、追いかけてくるというのも思ってもみなかったので、次々と思ってもいないことが起きたので、何がなんだかわからなくなってしまいました。

🐣「暗いなぁ」

　光が見えなくなったのか、暗いと思い、目をあけると、夢からさめたのか、夢からさめそうなのか、私は自分の部屋にいたのですが、どこからか声が聞こえてきました。

第3章　役目

「……」
「はい、これが記憶です」

「ここは大日本帝国、どこどこのどこどこ、父の名は…、母の名は…」
なぜか、自分の現在の記憶を確認しました。

「よーし…体が重い、やっぱり帰ろう」
「これこれ、役目を忘れたか」
すぐに帰ろうとしたら、ぬし様が怒っていました。
ところが…。

「ん？　なんだ？　へんな声が聞こえた」
わずか数秒もしないうちに、夢の中の記憶が消えました。この記憶を戻したのはずーっとずっとあとのことです。

とっても不思議な夢でした。私が17才の頃のお話です。ちなみに、林の中で見たじいさんがぬし様と気づいたのは、記憶を戻してもらった35才の頃でした。

おわりに

　母から〝たましいもどし〟というお話を聞いてから、いくつもの年月が過ぎて、私が17才の頃にさまざまな不思議なことが続けざまにありました。

　ところが、17才というその頃の私にとっては、不思議なことが起きるにしてはあまりにも多すぎてしまったためか、それらの意味が理解できませんでした。

　たんにおもしろいできごとや夢として私の記憶に残ったにすぎません。

　長い年月が過ぎていくとともに、それらの記憶がしだいに薄れていき、不思議な体験の内容どころか、不思議な体験をしたということさえ忘れてしまいました。

　その後、多少不思議なことはありましたが、17才の頃の不思議なできごとのすべてを思いだすまでのきっかけがなく、毎日の生活を送っていました。

　17才の頃の不思議なできごとの数々を何もかもすっかり忘れてしまったというのに、なぜ思い出せたかと簡単に説明しますと、私が26才の頃に、未来がわかるという力を持った不思議なおばちゃんに、たまたま声をかけられたのが最初のきっかけでした。そのおばちゃんからたくさん聞いた話の中に、この先ちょっとしたことをきっかけに不思議なことが起きるという内容がありました。その内容どおり、35才の頃、続けざまに不思議なことが起きたのです。

　その中に、テレビを早送りで見ているかのように映像を見るということがありまして、目で見ているのか、頭で見ているのかわかりませんが、それによって忘れてしまった数々の記憶を取り戻すことができたのです。

　記憶を取り戻した時は、18年も前に体験した内容だというのに、

つい最近体験したかのような感覚でした。
　それをきっかけに、自分が今までに体験したことや記憶に残っていること、心に残っていることなどをまとめることになり、ようやく内容や意味を理解することができたというわけです。
　私が体験した数々の不思議なことを母に相談しようと思い、それを告げると、母は話を聞いている最中につぶやきました。

「それが〝たましいもどし〟なのかもしれない…」
「たましいもどし？」

　私はその時、すっかり忘れていた〝たましいもどし〟という話を思い出しました。最初にその話を聞いてからどれくらいの年月が経ったものか…。ようやく理解できるようになった頃には、かなりの年になっていました。

　不思議なできごとにはそれなりの意味があるということを心から知り、今新たにみなさんに言い伝えいたします。
「なにげない会話やものごとでも、心に残るときがある。それはこの先、大切なことを伝えるだいじな何かなのかもしれない」
　もしかしたら、ここからまた新しい言い伝えが始まるのかもしれませんね。

第4章 その他

ついでのおまけ話

=== その① ===

　私は普通の家庭で普通に生まれ育ちました。

　幼い頃からかなりの年齢まで、多少不思議なことはありましたけど、みなさんと何も変わらない普通の人間です。

　勉強は、はっきり言って申し訳ないですが、好きではないし、特別に何かを学ぶということはないので、決して立派と言える人間ではありません。

　この本に書かれている内容からすると宗教家ではないかと考える人がいると思うのですが、私はただの役目にしかすぎないし、宗教は学んだことはないのでわかりません。毎日の生活の中から、知らないうちに少しずつ大切なことを身につけていくために特別に宗教を学ぶということは、私には必要ないみたいです。

　私が役目だからというわけではなく、普通の生活をして、限られたその中からたくさんのことを学び、大切なことを見つけていくことができれば、誰もが同じ状況だと思うし、それがたとえ厳しい環境や過酷な状況の中で生まれ育った場合だとしても、その中から大切なことを見つけていくことができれば同じことだとも私は思います。

　私は宗教家ではないので、けっしてまちがえないでください。私が思うには、宗教は昔から伝わっているから必要と思うだけで、だいじなことは宗教を学ぶということではなくて、大切なことを学ぶということだと思います。

　たとえ今はその意味がわからなくても、この先いずれその意味がわかるときが来ると思うので、ぜひ覚えておいてください。

　先ほど「役目」という言葉が出てきましたが、この本の話の中に役目という存在が出てきて、それが何かと思う方々も少なくないと

思います。私も最初はわかりませんでした。役目とは、それぞれがやらなくてはいけない役割を示すもので、言葉の中にはとても複雑な意味がこめられています。

たとえば、一瞬で終わるもの、みなさんが生まれるずっと前から続いていて、年をとって亡くなったあともずっと続くものなど、さまざまで、それはもう説明しきれないほどにたくさんあるので、役割、つまり役目という言葉を使って表現をしています。

みなさんもそれぞれ役目を持っていて、それを果たさなければなりません。みんなが役目を果たすことにより、この世は成り立っているのです。大小問わず、みんなとても大切なことなのです。

自分のやるべき役目がたとえわからないと思ったとしても、自分の役目を知っている人、知らないで役目を果たしている人など、さまざまなので、深く考える必要はありません。

いずれ自分で気がつく時が来るので、その時知ればいいし、知らなくてもいいと思います。

この本の話の中に出てきたお役目様たちは、自分が与えられた役目を果たすということを知っているので、決してみなさんの夢や何かにあらわれて、お金や物をとったり、また、物を売りつけたり、強制して何かをやらせたりするような役目ではないということだけは覚えておいてください。

さて、この本に書かれている夢の世界は本当にあるのだろうか？と思う方は、かなりいると思います。なかには、しょせん夢の話にしかすぎないけれど、いつか行けるものなら行ってみたいと思う方もいると思います。きちんと確かめないでまわりのうわさ話などを信じてしまい、だまされて、あとになって後悔するということはよくあることです。信じることはよいことでも、疑ぐることは悪いと思われがちですが、疑ぐることは悪いことではありません。より信じるために必要なことでもあります。

どうぞご自身で確かめてください。何がだいじで、何が必要なことなのか、そしてたくさんの反省をして学んでください。

たどりつくためのきっかけだけは申し上げておきます。

一つ　いかなる試練も修行と思い、修行に努力を続けること。

一つ　すべてを反省し、すべてに感謝すること。

一つ　他人の心を支配したり、強制をしてはいけません。

一つ　皆と共に喜び、皆と共に嘆き悲しむこと。

一つ　自分の非は素直に認めて改善すること。

一つ　他人の反省を否定してはいけません。

　この６つの意味を自分で理解して、いつでもすぐに思い出せるように、深く心に刻んで、毎日の生活の中で使ってください。
　それと、心で悪いと思ったら、気がついた時点でやめることです。お金はもちろんのこと、これといって何も必要はなく、カレンダーの裏や新聞の広告の裏にペンか何かで書くだけでけっこうです。大切なことは、何かをするということではありません。心が大切だということを覚えておいてください。

　どんなに偉い何様も、けっしてその世界へたどりつかせるということはできません。その世界へは、自分の努力でたどりつかなければ、行くことはできないところなのです。その意味をよく理解してください。この世界では会うことがない方がたくさんいると思います。
　いずれその世界でお会いしましょう。

決してくじけず、妥協もせず、心が闇にのまれても
わずかな光がさしこむかぎり、そこから闇を切りひらけ
どんなに過酷な環境も、どんなに苦しい試練でも
必ずそれには意味がある。それらを修行の一つと思い
生きる修行に努力を尽くせ。努力の結果はおのずと出る

それなりの努力にはそれなりの結果が似合う
それなりのたましいはそれなりの場所へ…

ついでのおまけ話
その②

　気がつけば青空に浮かんでいました。

「ここはりれき？…いや、ちがう、何だ？　これは」

　目についた光景は、青空の中にものすごくたくさんある、サラシをのばしたような白い布のようなものでした。

> 　すぐわきに三角の旗がついた棒が立っていました。それはここが端（はじ）の部分という、目じるしのところです。
> 　青空の中にその三角の旗がついた棒が1本立っていて、その根本から綱が一直線にずーっとひいてあり、その綱にそって右側が名札、左側がりれきとなっていたり、左側が名札、右側がりれきとなっているのですが、そこで見たものはりれきではなくてサラシをのばしてひろげたような白く長い布でした。

「あっ、オレの名前だ。1番端（はじ）でわかりやすいところでよかった」

　白い布を見ようとしたとき、名札を見たら自分の名前が書かれてあるのに気がつきました。目じるしのとなりで、わかりやすいところだったので少し安心しました。

> 　白い札に黒い字で漢字4文字の自分の名前が書いてあり、白い布の方には文字がいろいろと書いてあるのがわかりました。

「これ、何て読むのだろう？　なんでこんなの書いてあるのかな？　となりの人のとくらべてみよう」

書いてあることがわからなかったので、しかたなくとなりに並んである人のとくらべてみることにしました。

「天○○○？…なんでこんなえらい人がわきに並んであるのだろう？　まぁいいかぁ、これがほんとうの名前だと思っていたら、これは役名なのかぁ。これが住所で、これがたましいの名前かな？　ずいぶん長い名前なんだなぁ…」

名札に名前、布の上の中央に役名、右側に住所、左側には少し何か書いてあって、その下に漢字ばかりの長い名前みたいなものが書いてありました。その中には神という字が入っていました。

「それにくらべて、なんだ、オレのは？　役名とたましいの名前が同じで、たった2文字…ほか、見るとこがない」

となりのえらい人のとくらべるとガッカリしました。たくさん書いてあるのは住所ぐらいなもので、それ以外はとてもあっさりとしていました。

「これ、なに？　やっきん？　やこう？　なんて読むのだろう」

役名とたましいの名前らしいものが一緒の文字なのですが、漢字が苦手なので自分のが読めませんでした。

けっしてむずかしいという字ではなく、見たことはあるのだけど読めなかったのです。

> 親が勉強を教えると言い、何度もなぐられながら漢字を勉強させられたので、学んだことを身につけたくないと思ってしまい、それが原因で漢字がきらいになり、漢字は大の苦手の一つとなりました。

「たましいの名前はしかたないとしても、〝やっきん〟だか〝やこう〟だか知らないけど、変な役名だなぁ…」

となりのえらい人とくらべたのがよくなかったのか、自分のがだんだん気にいらなくなりました。

「ほかの人の、のぞいてこよっと」

自分のはほかに見るものもなかったので、あっちこっちウロウロとほかの人のものを見てまわることにしました。

「うわーっ、長い名前だ。こっちも長い…ここはえらい人たちのかたまりだった」

いくつか見てまわると、たましいの名前らしいものがとても長く、その名前は、なんとかなんとかの神、なんとかなんとかとなっていたのが目につきました。役名は全員あるのかと思ったのですが、書いてないのがほとんどでした。

「これっ！　自分を確認したのなら、早く戻ってきなさい」
「ん？　じいちゃんの声が聞こえる」

あっちこっちうろちょろしていたら、姿が見えないのに突然ぬし様の声が聞こえてきました。

「何をもたもたしておる」
「ん？　どうやって帰ればいいの？」

ぬし様の声はするのだけど、青空の空間には私以外だれの姿も見えなくて、あたりをキョロキョロしながら、あっちこっちとぬし様をさがしていると、またしてもぬし様の声が聞こえてきました。

> 声はすぐ近くで聞こえていました。あわてて、どこにいるのかさがしたのだけど、いくらさがしてもぬし様の姿は見えませんでした。

「戻りたいと思いなさい」
「戻りたいと思う？」

「戻りたいと強く思えば、おぬしならすぐに戻ってこれる」
「んじゃ、戻る」

> ぬし様と廊下を進んで赤いとびらのところへ行き、とびらをあけるとすぐに大空の空間になっていて、とびらを通って大空の方に来ると、通ってきたとびらはなくなってしまいます。空間には一度入ってしまえば、戻ろうとしてもどこにも出口はないので出られません。戻りたいと思えば帰れるらしいのですが、どうやって帰るのかはわかりません。
> 私はとびらをくぐるたびに、
> 「あれ？　なんでここにいるの？」
> 記憶をなくしていました。

「どうじゃ、おぬしの役目を確認したかな？」
「うん、見てきた」

「そうかそうか、確認したならそれでよい」
「次はどこ行くのかなぁ」

> 読めなかったけどまぁいいかぁ

このあと通路を進んで、どこに行ったのかおぼえていません。

青空や大空の空間、その他の場所、それらの場所がどうなっているのかわかりませんが、一つ一つの場所は宇宙みたいな無限にひろ

がる空間のようでした。
　とても明るいのだけど、太陽はありません。
　一度入ってしまえば、条件をみたさなければ出られない、それだけは覚えておいてください。

ついでのおまけ話
その③

　いつの時代なのかわかりませんが、平屋の大きな建物の広間に、私はいました。そこから見える景色は、丸太を組んで作ったテーブルがいくつかあり、くだものなどが置いてありました。建物の敷地をヘイがかこみ、その中にたくさんの人々が見え、敷地の中には入れない人たちが敷地の外にもいるということを知っていました。
　どうやら私は、戦いで背中にケガをおってしまい、残りわずかな命らしい…。

　「ワシは先にこの世を去るが、あとはまかせた。なかなかの人生だった…」
　みんなに別れをつげたあと、たくさんの人々のさけび声が頭の中までひびきわたり、その声を聞きながら深い眠りにつきました。

　「う〜ん、いい最後だった…あれ？　ここはどこ？」
　たくさんの人々が見守るなか、息をひきとったと思ったら、気がつけば青空のひろがる空の中にいました。
　目の前には銀色の札があり、知らない名前が書かれてありました。字画数の多い、ものすごくむずかしい文字で2文字でした。

　「なんて読むのだろう？」
　そこは何度も見たことのあるりれきのところに似ているのですが、名前に色がついている札を見たのははじめてでした。どうやら私は、銀色の札の人の人生を修行していたようです。

　「なんだ、銀賞か？」

わきのりれきのところに名札があり、金色の札が目につきました。これもまた、とてもむずかしい名前で漢字1文字でした。すぐわきに、端(はじ)をしめすはたが立っていたので、その人が金賞で私が銀賞かと思いました。

> この夢は少しむずかしく、最初は私かと思っていたのですが、私ではなく、だれかほかの人が見て体験したものを、私が見て体験したというものです。勝手に動くのでおかしいと思い、気がつきました。

「ん？　となりの白い札を見て名前を確認している」

　となりのりれきの名前を確認したあと、りれき沿いに来て、りれきの中をのぞきました。山の林らしいものが見えて、木の間を上下土色の服を着た人たちが馬らしいものに乗っていました。

> 名前の文字は見たことがないくらいむずかしい字で、日本語とは思えず、着ているものもかなり古い感じがしました。

「りれきの中に入った」

　りれきをのぞくと、すぐにりれきの中に入り、木のかげからみんなのことを見ていました。みんなはけんらしいものを持っていて、どうやら戦(いくさ)の最中のようでした。

　そのようすを少し見たあと、すぐにりれきから出てきました。

> りれきから出て正面に名札、右の方向が銀札、そのとなりが金札、その先は棒に三角の旗がついていて、端(はじ)になっています。名札から左の方向には、たくさんのりれきが並んでいて、左の方向に行きました。

「なんて読むのだろう、この名前？」

ものすごく字画数の多い文字を使った名前は、私にはとても読めるものではなく、そんな名前が白い札に書かれて、いくつも続いていました。

> ここはりれきとりれきの間隔がせまくなっていて、人が一人通れるぐらいのスペースでりれきが並んでました。りれきに時を刻むものはありません。また、ほかにだれもいませんでした。

「だんだん読めるようになってきた」

しばらくすると、ようやく私にも読めるような文字があらわれ始めました。でも、移動するのが速いので一つずつ読んでいるひまはありません。

「あっ、聖徳太子だ、なんでここに名前が？」

聖徳太子の名前がありました。昔の字でしたが、なんでもなく読めました。となりに小野妹子の名前がありましたが、私は歴史を知らないので、その時、奥さんの名前だと思いました。

> 聖徳太子は青色の札でした。青色といっても水色に近い色です。小野妹子は白色の札です。通ってくるとき、紫色とか、ほかにも色がついた札がありました。色がついたものは各色一つずつしかなくて、たとえば青色が聖徳太子ならほかは青色がないということです。

「ん？　イエスの名前がある。なんでここにあるの？」

聖徳太子の前なのかあとなのか忘れてしまいましたが、イエスもあったのをおぼえています。ピンク色の札だったので、はっきりおぼえていました。外国の人なのになんでここに並んでいるのか、不

思議に思いました。

> イエスは作り話の人だと思っていたのに、ここに名前があったのはおどろきです。最初名札を見たとき、読めなかったのですが、カタカナに切り替わったのでわかりました。漢字もひらがなに切り替わってくれたら読めたのに、あとで思いました。

「出○○○○○？　なんだ、この人は？　今までで一番名前が長い」

だいぶ名札の前をとおってきたら、かんたんな文字が出てきました。この人は白い札だけど、名前が一番長いので目につきました。そのとなりの人は5文字の名前でした。

「もう、終わりだ。最後の色つき札は赤色か…」

色がついた札は、金から始まって最後は赤でした。赤色の札の先に白色の札がいくつか並んでいて、その先はありませんでした。

「ん？　ちょっと待って、待って、待って」

りれきの名札を見て移動しているその人は私ではないので、私が見たいところで止まるわけがなく、そのまま進んでいったのですが、なぜか見たことのある名前がありました。

「そう、そう、そこで止まってちょうだい」

赤色の札を通りすぎて、端(はじ)まで行ったあとすぐに戻ってきて、赤色の札の前で止まりました。驚いたことに、私の名前とそっくりな名前がそこに書かれていました。見ている方向からするとさかさまですが、はっきりおぼえています。

「りれきに入った…どういうこと？」

その人は赤色の札の名前を見たあと、りれき沿いに来たと思ったら、りれきをのぞいてすぐりれきの中に入りました。その瞬間、私は夢からさめてしまいました。

🐣「赤札…やっぱりあのことが原因かな？　どうしよう…」
　私はあまり知識がないので、赤札だとすると、注意の赤札シールを考えてしまいました。なにかその世界でやってはいけないことをしてしまったのでそうなったと思いました。

> 🐣
> 　この本には書いてないことはまだまだたくさんあります。ほかにも不思議なことはあり、ほかの人が見たものを見たというものもまだまだあります。あまりにも複雑すぎて説明しきれません。その中のなにかが原因で赤札となってしまったと思いました。夢の中で悪いことをしたという心あたりもありますので…。ちなみに、赤札とは、ここでは性質をあらわすものだと気がついたのは、記憶を戻した35才の頃でした。

🐣「もう夢の世界に行くのはやめておこう」
　必要なところまではいいとして、必要以上に知れば大変なことになると知った私は、もうその世界に行くのはやめようと思いました。

　いったいだれの記憶だったものか…。

🐣「まぁ、おもしろかったので、むずかしいことは考えず、よしとします」
　…ということなので、赤札と名のりました。ほんとうは自分の役目の名前を知っていたのだけど、なんとなく気に入らなかったので赤札と名のったわけです。

○とっておきのおまけの図○

▶私はこれをりれきと呼びますが 役目たちの中には こよみと呼ぶ方もいる◀

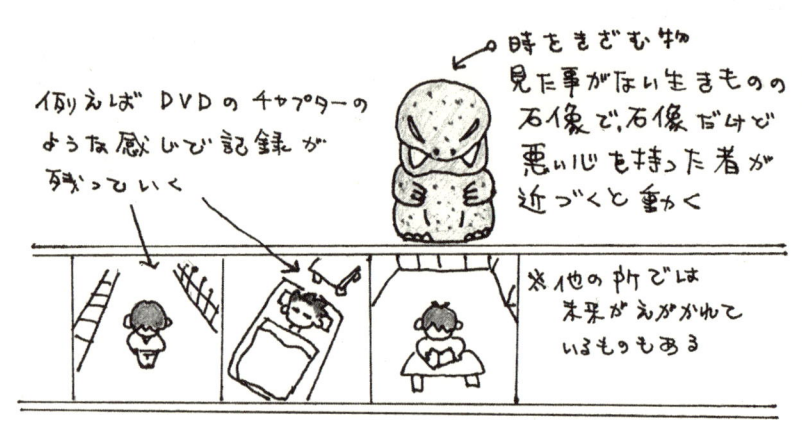

時をきざむ物
見た事がない生きものの石像で、石像だけど悪い心を持った者が近づくと動く

例えばDVDのチャプターのような感じで記録が残っていく

※他の所では本来がえがかれているものもある

つねにその人を中心に記録を続けているので
どんなささいな事も全べて記録に残る
心に思うだけで小さくしたり大きくしたりして見る事が
できて詳しく見たいと思えばしまいにはその場所へ
も行ける

例えば
こんなかんじ

りれきが置かれてある所はたくさんあり又、りれきも
様々な物があり ここで説明するものは代表的な
物にしかすぎません

※神社やお寺などで見かける
石でできた手洗い場みたいな
りれきも別の場所にはある

／70cm?＼
←200〜300m?→

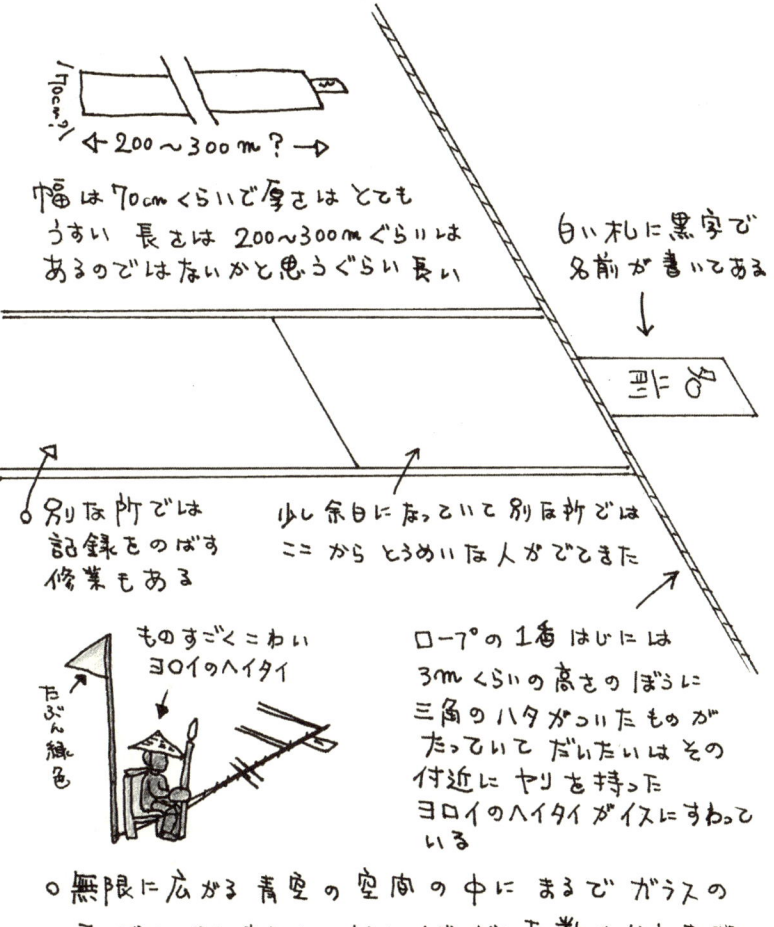

幅は70cmくらいで厚さはとても
うすい 長さは 200〜300mぐらいは
あるのではないかと思うぐらい長い

白い札に黒字で
名前が書いてある
↓
署名

○別な所では
記録をのばす
修業もある

少し余白になっていて別な所では
ここから とうめいな人がでてきた

ものすごくこわい
ヨロイのヘイタイ

たぶん緑色

ロープの1番はじには
3mくらいの高さのぼうに
三角のハタがついたものが
たっていて だいたいはその
付近にヤリを持った
ヨロイのヘイタイがイスにすわって
いる

○無限に広がる青空の空間の中に まるでガラスの
テーブルでもあるかのように ばくだいな数のりれきが
キレイにならんで置いてある

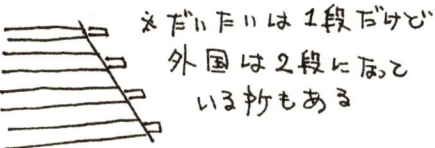

※だいたいは1段だけど
外国は2段になって
いる所もある

〈著者略歴〉

赤札（あかふだ）

1971年生まれ。出身地、日本。
宗教団体など、団体というものには属しておらず、崇める存在はなく、尊敬する存在もいません。
不思議な体験は数多くあり、不思議な体験のはじまりは……小学生の頃、母にしかられている時に視界に入る景色の色が一瞬変わったのが始まりだったのか？
中学生の頃、首の後ろが熱くなり、気がつけば幽体離脱をしていたのが始まりだったのか？
16才の頃、オートバイで大事故を起こす瞬間、5秒ほど時間が止まったのが始まりだったのか？
私が知りたいくらいです。

明かされたアカシックレコードの謎

2009年7月1日　初版第1刷発行

著　者　赤札
発行者　韮澤　潤一郎
発行所　株式会社　たま出版
　　　　〒160-0004　東京都新宿区四谷4-28-20
　　　　☎ 03-5369-3051（代表）
　　　　FAX 03-5369-3052
　　　　http://tamabook.com
　　　　振替　00130-5-94804

印刷所　神谷印刷株式会社

ⓒAkafuda 2009 Printed in Japan
ISBN978-4-8127-0281-9　C0011
本書の内容の一部あるいは全部を無断で複写・複製・転載することを禁じます。